Die Welt erleben

TOSKANA

Die Toskana liegt nicht in Italien,
sondern Italien liegt in der Toskana.

Johann Wolfgang von Goethe

Die Welt erleben

TOSKANA

Italiens grünes Herz

Ernst Wrba
Annette Meisen

BRUCKMANN

Willkommen in der Toskana

Italiens grünes Herz erleben 22

Seit mehr als 200 Jahren sind die anmutigen Landschaften der Toskana für Nord- und Mitteleuropäer ein Synonym für ganz Italien. Dabei wird oft vergessen, dass die zehn Provinzen zwischen den Apuanischen Alpen und der Maremma in Wahrheit voller Kontraste stecken und jede Region ganz eigene Traditionen besitzt.

Versilia und Hinterland – Meer und mehr Motive 32

Carrara – Pisa – Lucca

Weiß leuchten die aufgebrochenen Bergflanken im Licht der aufgehenden Sonne und geben ihre Schätze frei: den Marmor von Carrara, Rohstoff für viele bedeutende Kunstwerke. Weiter geht es nach Pisa, zum Platz der Wunder, beherrscht vom schiefsten aller Türme, bevor schließlich die Seidenmetropole Lucca grüßt.

Florenz und Umgebung – Die Schöne im Garten 48

Florenz – Montecatini Terme – Arezzo

Florenz – Stadt der Künste und Künstler, Wiege des Humanismus und der Renaissance, Kulisse erbitterter Fehden und Schauplatz des Aufstiegs und Falls eines der bedeutendsten Familienclans der Geschichte, der Medici. Benannt nach der Göttin der Blüte und Jugend und Symbol des unbeschwerten Genießens, zieht die »Schöne im Garten« noch heute jeden Besucher unweigerlich in ihren Bann.

Chianti – Weinreben und Wälder 72

Greve in Chianti – Strada del Chianti Classico – Panzano in Chianti

Pappardelle al ragù di cinghiale sind eine Chianti-Spezialität. Hier gehen die wichtigsten Ingredienzien dieser ursprünglichen Landschaft eine geschmackvolle Liaison ein: Wildschwein aus den Steineichenwäldern und Rotwein von den Rebbergen, die heute die besten und teuersten Tropfen Italiens hervorbringen.

San Gimignano, Volterra, Colline Metallifere – Vom Himmel zur Hölle 88

San Gimignano – Volterra – Tal des Teufels – Massa Marittima

»Medieval Manhattan« hat man die spektakuläre Kulisse von San Gimignano mit seinen Geschlechtertürmen oft genannt. Der hiesige Duomo birgt einige der bedeutendsten Fresken des Mittelalters. Unweit

von hier erwartet Besucher dann noch ein ganz anderes Schauspiel: die unwirkliche Mondlandschaft der Colline Metallifere, die mit ihren heißen Schwefelquellen die etwas andere Toskana verkörpern.

Siena und Umland – Die Macht und ihr langer Schatten 104

Siena – Sant'Antimo – Montalcino – Montepulciano

Hochmut kommt vor dem Fall – schmerzhaft musste das stolze Siena diese Lektion einst lernen. Dennoch hat die Geburtsstadt der heiligen Katharina nichts von ihrem Glanz verloren: Ihr schwarz-weißer Dom ist eines der bedeutendsten Kulturdenkmäler Italiens. Das Umland hat vor allem kulinarische Genüsse zu bieten.

Monte Amiata, Etruskerland und Küste – Ein rätselhaftes Volk 124

Bagno Vignoni – Monte Amiata – Parco Faunistico – Sovana

In dieser vulkanisch geprägten Region begegnet man überall Spuren der mächtigen Aldobrandini, ihren Burgen und Weilern. Doch die Geschichte reicht viel weiter zurück. Schon vor der Besiedlung durch die Römer beherrschten die Etrusker dieses Gebiet, wovon zahlreiche Ausgrabungen und Artefakte zeugen.

Reiseteil 142

Die Top Ten der Toskana – Festivals & Events – Zeittafel – Übernachten & Genießen – Die Toskana von A bis Z

Register 154
Impressum 156

Seite 10 *Der Garten der Villa Garzoni in Collodi entstand um 1650.*

Seite 12/13 *Auch sie gehört zur Toskana: die Insel Elba mit ihrem Hauptort Portoferraio.*

Seite 14/15 *Dolce Vita: Sieneser Bürger und Touristen teilen sich den Genuss eines lauen Abends auf der Piazza del Campo.*

Seite 16/17 *Pitiglianos festungsgleiche Lage: Den Tuffsteinrücken durchziehen unzählige Gänge und Keller, in denen früher Wein gelagert wurde.*

Seite 18/19 *Majolikareliefs erzählen vom Zweck des Gebäudes am Ospedale del Ceppo in Pistoia.*

Seite 20/21 *Blick von Montalcino auf Orte, Klöster und Anwesen der Umgebung.*

Bologna
ADRIA
Berceto
Taro
Sasso Marconi
EMILIA ROMAGNA
A P E N N I N
Sécchia
Serchio
La Garfagnana
Faenza
Forlí
Cesena
Sarzana
Castelnuovo di Garfagnana
La Spezia
Carrara
Massa
Barga
Castiglione
Marina di Carrara
Marina di Massa
Parco naturale regionale delle Alpi Apuane
Bagni di Lucca
Forte dei Marmi
Monti del Mugello
Montecatini Terme
Pistoia
Mercato
Viaréggio
Prato
Lucca
Lago Massaciúccoli
Collodi
Carmignano
Póggio a Caiano
Fiésole
Stia
Bagno di Romagna
Riviera di Versilia
Vinci
Carregi
Florenz
Poppi
La Verna
Casentino
Marina di Pisa
Pisa
Cáscina
Arno
Émpoli
Bibbiena
Tiber
San Miniato
Pesa
Elsa
San Giovanni Valdarno
Greve in Chianti
Sansepolcro
Livorno
Certaldo
Chianti
Badia a Coltibuono
Anghiari
ÍSOLA D. GORGONA
San Gimignano
Castellina in Chianti
Radda in Chianti
Arezzo
Pomáia
Colle di Val d'Elsa
Volterra
Val di Chiana
Chiana
Castiglioncello
Monteriggioni
Castelnuovo Berardenga
Castiglion Fiorentino
LIGURISCHES MEER
Cécina
Siena
Colline Metallifere
Larderello
Crete
Cortona
Bibbona
Marina di Bibbona
Asciano
Val di Merse
Bolgheri
Lucigna
Abb. di M. Oliveto
Riviera degli Etruschi
Cornia
San Galgano
Buonconvento
Lago Trasimeno
Orcia
Montepulciano
San Vincenzo
Monticiano
Suvereto
Campíglia
Montalcino
Pienza
Chianciano Terme
ÍSOLA DI CAPRÀIA
Val d'Orcia
Chiusi
Venturina
Massa Marittima
Abbazia Sant'Antimo
S. Quirico d'Orcia
Populónia
Bagno Vignoni
Seggiano
Piombino
Scarlino
M. Amiata 1738
Castiglione d'Orcia
UMBRIEN
Portoferráio
Vetulonia
Ombrone
Bagno San Filippo
Porto Azzurro
Castiglione della Pescáia
ÍSOLA D'ELBA
Marina di Campo
Grosseto
Orvieto
Marina di Grosseto
Terme di Satúrnia
Sorano
Sovana
Maremma
Magliano
Albegna
Pitigliano
ÍSOLA DI PIANOSA
Lago di Bolsena
Tiber
TYRRHENISCHES MEER
Montefiascone
Capalbio
Porto S. Stéfano
Orbetello
Ansedónia
Tuscánia
M. Argentário
Porto Ercole
Viterbo
Gíglio Porto
ÍSOLA DI MONTE CRISTO
LATIUM
ÍSOLA DEL GÍGLIO
N
0
20 km

ALLA SPERANZA
BAR · GELATERIA
BAR IL PALIO

Italiens grünes Herz erleben

Mit Beginn des modernen Tourismus in der Mitte des 18. Jahrhunderts, der legendären Epoche der Grand Tour, kamen vor allem Wohlstands- und Bildungsbürger auf ihrem Weg nach Rom in die kulturellen Zentren der Toskana. Dichter und Schriftsteller, Maler und Bildhauer fungierten als Trendsetter. Andere Reisende, mehrheitlich Angehörige der Jeunesse dorée, schwärmten von diesen südlichen Gärten in überschwänglichen Briefen an die Daheimgebliebenen oben im kühlen Norden. Und so strömten in der Folge immer mehr junge Europäer Richtung Süden. Damals entstand das bis in die Gegenwart lebendige Klischee von der typisch toskanischen Landschaft, und allein die Vorstellung einer schlanken Zypresse vor einer sanft geschwungenen Hügelkette, durchzogen von kurvenreichen Wegen, die sich scheinbar am Horizont verlieren, weckt den Wunsch: Ab in die Toskana! Voller Erwartung trifft man ein und, siehe da, sogleich erfüllt sie sich. So gesehen ist die Toskana die ideale Kulisse für die ganz großen Gefühle.

In den Hügeln um Montalcino wächst der Sangiovese Grosso, genannt Il Brunello, seiner Reife entgegen.

Ein Streifzug durch die Toskana

Die modernen Geschichtenerzähler Hollywoods, die geschickt mit Wünschen, Fantasien und Obsessionen zu jonglieren wissen, haben das natürlich auch entdeckt; spätestens seitdem Helena Bonham Carter im Jahr 1985 ihr Debüt in »Zimmer mit Aussicht« gab. Im Jahr 2001 realisierte Tom Tykwer an Schauplätzen der südlichen Toskana seine erste Hollywoodproduktion »Heaven« nach einem Drehbuch des verstorbenen Filmemachers Kryzstof Kieslowski. Steile Gassen und Renaissancefassaden, warme Brauntöne, stolze Palazzi, wehrhafte Stadttore, ein Turm mit Aussicht – und natürlich Zypressen, die inzwischen das stolze Wahrzeichen der Toskana sind.

Zypressen hollywoodreif

Zwar unternahmen die Briten im 19. Jahrhundert den eigenwilligen Versuch, auch in der Toskana den englischen Landschaftspark mit romantischen Trauerweiden einzuführen, aber die gemeine Zypresse (*Cupressus sempervirens*) fand ihren Weg aus dem Vorderen Orient vermutlich schon durch etruskische Seefahrer in die Toskana. Über die Jahrhunderte entwickelte sie sich zu einem der charakteristischsten Merkmale, ja Symbol dieser Landschaft, und diente als Designerbaum schlechthin für Bankiers und Kaufleute reicher toskanischer Handelsstädte. Die balsamischen Ausdünstungen der Zypresse, die im Orient seit ältesten Zeiten als Symbol der Trauer galt und noch heute gern auf Gräber gepflanzt wird, sind übrigens so stark, dass sich früher Kranke in die immergrünen Zypressenwälder begaben, um den Geruch einzuatmen, dem man heilsame Qualitäten zusprach. Da kann die Trauerweide natürlich nicht mithalten. Doch nicht nur Zypressen, auch uralte Olivenbäume und endlose Weingärten, in denen adelige Gutsbesitzer, die *nobili*, ihren legendären Wein von braven Bürgern, den *poliziani*, anbauen lassen, prägen das Bild jener Landschaft – einer Landschaft, die das Paradies sein muss! Montepulciano heißt dieses Paradies, und es verkörpert mit seiner historisch harmonischen Architektur geradezu das Ideal einer toskanischen Stadt. Montepulciano verdankt das aber nicht nur seiner langen und wechselvollen Geschichte, sondern vor allem seinen engagierten Bürgern, die sich dieses Erbe erhalten wollten. Glücklicherweise blieb es nicht nur bei der Wunschvorstellung.

Divina Commedia

Dante Alighieri, einer der bedeutendsten Dichter des europäischen Mittelalters, wurde wegen politischer Aktivitäten im Jahr 1302 aus Florenz verbannt. Sein unruhiges Wanderleben durch Italien sollte den Dissidenten nie wieder in seine Heimatstadt zurückbringen. In seiner *»Göttlichen Komödie«* führt er seine Zeitgenossen durch die drei antiken Reiche der jenseitigen Welt – Hölle, Hort ewiger Verdammnis, läuterndes Fegefeuer und irdisches Paradies. Sachkundiger Reiseleiter ist dabei der antike Autor Vergil. Als ungetaufter Heide kann Vergil zwar nicht ins Paradies eingehen, aufgrund seines untadeligen Lebenswandels bleiben ihm in Dantes Vision aber alle göttlichen Strafen erspart. Auf der Reise begegnen die Leser allerhand bekannten Persönlichkeiten aus Literatur und Geschichte, die wegen ihrer moralischen Verfehlungen Höllenqualen erleiden müssen. Dante fordert von seinen Lesern – damit ist er heute wieder ganz aktuell – eine Rückbesinnung auf ethische und moralische Werte. Gründe dafür fanden sich in der vehement kriegerischen

1 *Der beste* Pecorino toscano, *ein Schafsmilchkäse, kommt aus Pienza in der Region Siena. Das Gras und die Kräuter, die die Schafe in der Umgebung abweiden, machen ihn so aromatisch. Er schmeckt sowohl frisch als auch ausgereift.* – 2 *Hausmacherküche »alla mamma« mit besten Zutaten macht die Toskana zum Paradies für Gourmets und Gourmands. In fast jedem kleinen Dorf findet man eine gute Trattoria.*

TRATTORIA
IL SARACENO
SARACENO
DAL 1946
BRUSCHETTE
CROSTINI
RIBOLLITA
FARRO
TRIPPA
AGNELLO
ANATRA
FIORENTINA
TRATTORI
IL
PIAT
TIPIC
DELL
ARETI
PIZZA
CON FORN
A LEGNA
TRATTORIA
PIZZERIA

1

2

Geschichte der Toskana zu allen Zeiten mehr als genug: Guelfen gegen Ghibellinen, Medici gegen Pazzi, Florenz gegen Siena, Papst gegen Kaiser, Resistenza gegen Faschisten, Richter gegen Mafia – die Liste ließe sich bis heute fortsetzen. Und damals wie heute ging es – unter welchen Vorzeichen auch immer – in erster Linie um den wirtschaftlichen Vorteil und um die persönliche Machtentfaltung.

Medieval Manhattan

Diese Haltung manifestierte sich nirgendwo eindrücklicher als in San Gimignano. Sogar, wenn man darauf vorbereitet ist, die mittelalterliche Skyline auftauchen zu sehen, ist die Begegnung doch jedesmal wieder mehr eine Konfrontation mit einem steingewordenen Machtanspruch als eine rein touristische Annäherung an ein pittoreskes Städtchen.

Als »Manhattan der Toskana« wird San Gimignano in den Hochglanzbroschüren angepriesen, die die Touristen im Schatten der mittelalterlichen Skyscraper eifrig studieren. Takato aus Kyoto, der gerade drei Tage New York hinter sich und Rom, Wien, Berlin, Paris und London noch vor sich hat, macht sich Gedanken über die Erdbebenfestigkeit der alten Gemäuer. Aber schließlich stehen die, welche die mittelalterlichen Fehden überstanden haben, immer noch: Beeindruckend sei das schon, erklärt Takato höflich. Dann schnell noch ein Foto. Erst die Brennweite des 28er-Weitwinkel-Objektivs zwingt Türme und Familie komplett aufs Bild. Zu Hause beim Betrachten werden die Geschlechtertürme dann das tun, was ihre Erbauer immer vermieden haben: Ihre gebogenen Linien werden sich zueinander neigen. Die »Ground Zeros von San Gimignanos« verstauben in den Archiven der Historiker. Die Lücken sind seit Jahrhunderten geschlossen, Wohnhäuser, Kirchen und Plätze lockern das Stadtbild auf und bilden zusammen mit den Touristen eine belebte Kulisse für die restlichen Wolkenkratzer der Welfen und Waiblinger. Dass von ehemals 72 nur noch 15 übrig sind, lässt sich mit der Maßlosigkeit der Familienclans erklären, die immer wieder bei den benachbarten Städten, aber auch innerhalb der Bürgerschaft Neid, Fanatismus und Zerstörungswut provozierten. Wünsche, die in den Himmel wuchsen, führten in San Gimignano schon damals direkt in die Hölle.

Himmel und Hölle

Von Himmel und Hölle erzählt auch die Skulpturensprache der kapitellgeschmückten Säulen in den romanischen Kirchen. Damit bei allem bäuerlichen Pragmatismus der Blick aufs Jenseits nicht verloren ging, überzog die Kirche im Mittelalter die Toskana mit einem Netz kleinerer und größerer Landkirchen. Die Romanik wurde zum Zeitalter der Pfarrkirchen (*pieve*). Den richtigen Weg in den Himmel erspäht

3

4

5

1 *Ferdinand I. Medici ließ Bernardo Buontalenti die Medici-Villa La Ferdinanda in Artimino in nur vier Jahren (1596–1600) realisieren.* – 2 *Antikem begegnet man in der Toskana überall.* – 3 *Kunsthandwerk aus leuchtendem Alabasterstein, dem besten der Toskana, ziert die Schaufenster von Volterra. Die vielen Werkstätten hier schaffen daraus täglich neue Souvenirs.* – 4 *In der Oberstadt in Colle di Val d' Elsa finden sich noch typische, antik anmutende Türklopfer.* – 5 *Großzügig und mondän: die Architektur der Thermalanlage Tettuccio in Montecatini Terme.*

man am besten mit weit zurückgelegtem Kopf. Leben und Tod, Paradies und Fegefeuer, Tugend und Laster – die Kapitelle, die die Säulen hoch oben abschließen, zeigen eine Bildersprache, die damals jeder »lesen« konnte. Besonders eindringlich ist sie etwa in der Pfarrkirche San Pietro in Gropina im Casentin. Im Mittelalter war die Plebes S. Petri De Gropana eine der reichsten Pfarrkirchen der Diözese von Arezzo. Der heutige Bau entstand im 12. Jahrhundert. Das Kirchengebäude wird durch Bogenreihen auf schlanken Säulen in drei geräumige Schiffe mit sieben Jochen unterteilt und von einer einzigen Apsis abgeschlossen. In Gropina schufen die Steinmetze einmalige Bildergeschichten. Da taucht zum Beispiel ein Schwein auf, das seine Jungen säugt – aus heutiger Sicht eine wahrhaft merkwürdige Symbolik für die Kirche. Einer Bauernfamilie des 12. Jahrhunderts hingegen war das fürsorgliche Schwein wahrscheinlich ein plausibles Symbol. Ein anderes Kapitell zeigt drei Ritter. Mit Schild und Lanze überwinden sie ein Monster, das einen Teufel reitet: der Sieg der Tugend über das Laster. Dieses Thema war wohl ein echtes Anliegen, denn auch im linken Seitenschiff tauchen Kapitelle auf, die das Laster fantasievoll gestalten – etwa das Kapitell mit der Strafe der Wollust, auf dem außer einem zornigen Höllenrichter drei Drachen dargestellt sind, die an den Brüsten von drei Frauen saugen. Der Landbevölkerung, die während der auf Latein gehaltenen und damit für sie unverständlichen Messe den Blick schweifen ließ, wurde so auf recht drastische Weise vor Augen geführt, welche Wünsche in die Hölle und welche Wege ins Paradies führten.

1

Humanismus und Renaissance

In der Frührenaissance verhinderten die von kirchlichem Dogmatismus bestimmten Lebens- und Denkentwürfe eine Weiterentwicklung in den gesellschaftlichen und kulturellen Bereichen. Um die Stagnation zu durchbrechen, besann sich die intellektuelle Elite auf die Antike und wandte sich der römischen und griechischen Philosophie und Literatur zu. Der Mensch sollte lernen, denn Bildung wurde als einziger Weg gesehen, Erfahrungen zu machen, die einen zum eigenverantwortlichen Wesen emporhoben. Die neuen Ideen verdrängten die alten allerdings nicht kampflos. In diesem Spannungsfeld fand ein gewaltiger Kulturschub statt. Dass diese neue Gesellschaft dabei nicht von oben, von Kaisern, Königen und Fürsten bestimmt wurde, sondern von Impulsen ausging, die Dichter, Maler, Bildhauer und Philosophen gaben, war ein historisches Novum. Bei den Dichtern werden meist Petrarca, Boccaccio und Dante in einem Atemzug genannt. Petrarca, einer der frühen Humanisten, war in der glücklichen Lage, Abschriften Homers zu besitzen. Sein Zeitgenosse Giovanni Boccaccio ließ diese übersetzen und konnte damit als Erster Homer auf Italienisch lesen und diskutieren. Boccaccios »*Decamerone*«, eine Sammlung erotischer Novellen, wurde zum Megaseller. Während Boccaccio sich dort mit der Liebe in den Zeiten der Pest befasste, setzte sich sein Vorgänger Dante kritisch mit dem Wertekatalog des Mittelalters auseinander. Die *Göttliche Komödie*, die *Divina Commedia*, wurde wegweisend für nachkommende Dichtergenerationen. Dante schrieb in seinem Florentiner Dialekt, und aus diesem Volgare entwickelte sich das heutige Italienisch.

Im geistigen Klima des Rinascimento wurden auch in den Schönen Künsten neue Wege eingeschlagen. Aufsehen erregte Ghibertis Paradiespforte, die im Jahr 1452

1 und 3 *Perfekte Renaissance: Deckenschmuck im Palazzo delle Papesse (1460–1495) in Siena. Den Palast ließ Caterina Piccolomini, Schwester von Papst Pius II., im florentinischen Stil mit Bossenquadern nach Zeichnungen von Bernardo Rossellino errichten.* – 2 *Die Wandelhallen in den Thermenanlagen von Montecatini beeindrucken mit ihrer prächtigen Ausstattung.*

2

3

1

2

vollendete Bronzetür des Baptisteriums in Florenz. Brunelleschi konstruierte die gewaltige Kuppel des Florentiner Doms; mit der ersten frei schwebenden Strebekuppel überhaupt war ihm ein neues Weltwunder geglückt. Donatello erschuf mit dem »David« den ersten Bronzeakt seit der Antike. Von Fra Angelicos Fresken in San Marco zu Florenz bis zu Sandro Botticellis Gemälden »Frühling« und »Geburt der Venus«, ganz zu schweigen von den Künstlern der Hochrenaissance wie Michelangelo, Leonardo da Vinci und Raffael – die »Neuauflage der Antike« brachte auf allen Gebieten Meisterleistungen hervor.

Wiege der Kunst

Eine der großen politischen Persönlichkeiten dieser Zeit, Lorenzo de' Medici, nahm regen Einfluss auf das Geschehen. Selbst umfassend philosophisch gebildet, versammelte er die Intellektuellen seiner Zeit um sich. Das hinderte ihn aber nicht daran, Florenz mit harter Hand zu regieren. Er setzte auf Umwegen Verfassungsänderungen durch und installierte den sogenannten »Rat der Siebzig«, der von ihm abhängig war. Dennoch konnte auch er die neue Zeit nicht aufhalten. Die Stadt Florenz ist seither das Zentrum der Kunst, wenn auch einer traditionellen Kunst. Die berühmten Uffizien am Ufer des Arno sind nach den Vatikanischen Museen in Rom wohl die bedeutendste Kunstsammlung des ganzen Landes. In keiner anderen Stadt der Welt stehen weltbekannte Kunstwerke so dicht gedrängt. Aber auch Michelangelos »David« lockt Jahr für Jahr Hunderttausende Besucher an. Zeitgenössische toskanische Künstler, die über ihre Region hinaus bekannt geworden sind, sind rar. Marino Marini (1901–1980), Bildhauer aus Pistoia, variierte immer wieder ein Motiv, das ihn seit dem Zweiten Weltkrieg nicht mehr losließ: toskanische Bauern, die auf ihren Ackergäulen aus ihren Dörfern flüchten. Ein anderer Künstler, der der Toskana Impulse gab, ist der deutsche Komponist Hans Werner Henze. Er rief im Jahr 1976 den Cantiere Internazionale d'Arte, ein Festival moderner Musik, in Montepulciano ins Leben.

Im Süden der Maremma eröffnete man im Jahr 1994 den Tarotgarten der bekannten Künstlerin Niki de Saint Phalle, die mit ihren riesigen, farbenfroh und üppig ausgestalteten weiblichen Polyesterfiguren, den »Nanas«, berühmt wurde. Und am Monte Amiata errichtete der Schweizer Daniel Spoerri einen riesigen Skulpturengarten für eigene Arbeiten und die befreundeter Künstler.

Auf die oft gestellte Frage, was die Toskana für Künstler und andere Menschen so anziehend macht, gibt es sicher ungezählte Antworten. Eine aber ist augenfällig: Es ist die Schönheit, die Harmonie der Proportionen – ein Haus, eine Scheune, ein Stall aus rohem Feldstein und gebrannten Ziegeln, Olivenbäume, Weinstöcke, Lavendel, Rosen ... und eine Zypresse.

3

4

5

1 *Noch der kleinste Fleck wird zum grünen Paradies: Blumentopfgalerien, Efeuranken und verschiedene Farbklänge in Terrakotta finden sich allerorten.* – 2 *Purpurner Rubin:»... durch kandierte Kirsche durchbrochen, sein Angriff ist umfangreich, ein ausgefeilter, polierter Wein ...« Salute!* – 3 *Virtuos vorgetragen: die »Aria«.* – 4 *Häufig anzutreffen: Oliven am Baum.* – 5 *Die Toskana ist ein Gesamtkunstwerk der Genüsse.*

Versilia und Hinterland

»Nebel dort und Südwind auf der Dünen sandigen Zungen, und, vom ungewissen Meersaum verdeckt, emporgetragen bald vom Hin und Her der Wogen, der Schiffer Duilio, der die Fluten kreuzt, kämpfend gebeugt über die Ruder; dort der Pinien schwarzer Farbstoff, der sich scharf verbreitet unter Silberpappeln, Weiden, Windrädern, die die Schaufeln regen, und das Gässchen, das den Wellen folgt hinab in lehmige Fluten.«
Eugenio Montale

Die Klänge von Lucca: In dieser Stadt liegt Musik in der Luft und verleiht ihr ein leichtes, beschwingtes Flair – das richtige Ambiente für Verliebte.

Meer und mehr Motive

Carrara – Pisa – Lucca

Die toskanische Küste, Heimat des Poeten Eugenio Montale, lebt von dem Kontrast. Zwischen den Mündungen der Gebirgsflüsse Magra und Serchio heißt es *marina, marina, marina* – ein Dutzend Seebäder haben die Küste in ein einziges Strandbad verwandelt. Im Mündungsgebiet des Arno sind jedoch Montales lyrische Landschaftsbilder, die Pinienwälder und Dünen, erhalten geblieben. Das Meer vor den Küsten der beiden *riviere* ist noch ligurisch, hier oben im äußersten Nordwesten der Toskana. Von der Bocca di Magra, der Mündung eines reißenden Gebirgsflusses am Ende des Golfs von La Spezia, bis nach Viareggio erstrecken sich die Strände der Riviera Apuana, die nahtlos in die Badeorte der Riviera Versiliese übergehen. »Durch das Laubwerk erkennen, wie fern das Meer seine leuchtenden Schuppen atmend hebt, während hoch von der Uferberge Wehr das zitternde Lied der Zikaden schwebt«: So wie Eugenio Montale, der im Jahr 1975 mit dem Nobelpreis für Literatur ausgezeichnet wurde, das Bild seiner Heimat zeichnete, stellt es sich noch heute dar: fern des Meeres, oben in den Hügeln der Apuanischen Alpen. Hier findet man die Stille und die Weite, von denen man schon so oft gehört hat. Ganz im Gegensatz zur Küste mit ihren lebhaften Badeplätzen, über denen eine andere Musik schwebt: laute Motoren, schnelle Beats und die Schmachtlieder der Zuccheros und Ramazottis. Dennoch hat die Küste auch ihre angenehmen Seiten, das milde Klima zum Beispiel. Die Apuanischen Alpen, die fast bis auf 2000 Meter ansteigen, schirmen die Küstenorte gegen den kalten Nordwind ab.

Carraras Marmorbrüche

Den bunten Bildern der Küste setzt Carrara das reine Weiß entgegen. Doch auch das wird knapp. Marmor aus Carrara ist ein Prestigeobjekt, es adelt Banken, Boutiquen und Bäder. Dekadenz und Lifestyle verschlingen, was der Kunst gehört, sagen die einen und fordern schon eine »Marmor-Zentralbank«, die über die Vergabe des wertvollen Steins wacht. Die Befürchtung, der begehrte reinweiße Marmo Statuario könne ausgehen, sei maßlos übertrieben, behaupten die Lobbyisten der Marmorindustrie. Tatsächlich ist Italien der weltgrößte Exporteur. Etwa zwei Drittel des edlen Materials kommen allein aus Carrara. Die *marmori* von Carrara sind außerdem sehr vielgestaltig: vom grünlichen Zwiebelmarmor, dem Cipollino, bis zum glänzend weißen Marmo Statuario, dem Stoff, aus dem Michelangelo seine »David«-Statue schuf. Für den Bau der Kirche San Lorenzo in Florenz – immerhin ein Auftrag des Medici-Papstes Leo X. – war ihm nur das Beste gut genug. Drei Jahre lang war er in den Steinbrüchen unterwegs und wohnte sogar dort. Heute herrscht in Carrara eine regelrechte Michelangelo-Inflation: Menüs, Bars, Restaurants, Hotels – alle schmücken sich mit ihm.

Weißer als Schnee

Von den Abrisskanten der Steinbrüche eröffnet sich ein faszinierendes Panorama, eine Gletscherlandschaft von einem solch gleißenden Weiß, dass es von keinem Alpengletscher übertroffen werden kann. Der Blick von oben, hinunter auf die Marmorbrüche (*tagliate*) und die schneeweißen Halden aus Marmorsplittern (*ravane-*

1 *In Schräglage: auf kurvenreichen Sträßchen durch die Apuanischen Alpen.* – 2 *Versilianische Variationen:* palazzi e palme!

1

2

1

2

ti), ist noch viel beeindruckender als umgekehrt, vom Tal hinauf. Nur von hier oben kann man in etwa erahnen, welch ungeheure Steinmassen schon abgebaut worden sind. Die Berge verschwinden im Meer. Im Hafen von Massa wird Block für Block ein ganzes Gebirge verladen.
Früher mussten die Marmorblöcke noch auf eingefetteten oder eingeseiften Holzbohlen zu Tale gerollt werden, mittlerweile verbindet aber ein Netz von serpentinenreichen Straßen die Marmorbrüche mit dem Hafen.
Seit rund 2000 Jahren wird in Carrara, vor allem in den *cave di marmo* von Fantiscritti und Colonnata, das weiße Gold der Toskana gebrochen. Es hat nicht alle reich gemacht. In der »Trattoria Locandapuana« in Colonnata hängen die alten Schwarz-Weiß-Fotos von Ilario Bessi an den Wänden. In eindrucksvollen Bildern hat der Fotograf aus Carrara die Arbeit der *cavatori* festgehalten in einer Zeit, als der Marmor noch allein mit Menschenkraft, mit Hammer und Meißel, mit Seilen und Zugochsen abgebaut wurde.
Mit der Dampfmaschine kam dann schließlich die Wende. Heute schneiden brüllend Diamantsägen in die weißen Flanken, Kräne kreischen, Bagger brummen und regelmäßig ertönt Sirenengeheul – glücklicherweise nur als Warnzeichen vor einer Sprengung, denn die Arbeit im Bruch und mit dem Marmor ist nach wie vor für die Arbeiter gefährlich.

Lardo di Colonnata

An diese schweren Zeiten erinnert auch eine typische Spezialität der Region, der *Lardo di Colonnata*. Die Herstellung und Aufbewahrung der schneeweißen Speckseiten voller Aroma hat ihren Ursprung in der Zeit, als der fette Speck das Hauptgericht der *cavatori* war. Die Arbeiter, die den ganzen Tag in den Marmorbrüchen verbrachten, bekamen so die nötige Kalorienzufuhr für ihren harten Job. Dazu gab es Brot und Wein. Giannarelli Marino produziert in Colonnata seinen *lardo* noch heute nach alter Tradition: Dicke Speckseiten werden mit Meersalz, Pfeffer, frischem Knoblauch, Lorbeer, Rosmarin und Salbei eingelegt. Dann verschwindet das Ganze in Marmortrögen, abwechselnd eine Lage Speck, eine Schicht Kräuter, und wird mit einem Marmordeckel beschwert. Sechs Monate reift der Speck darin. In dieser Zeit nimmt das Fett die Aromen der Kräuter und Gewürze in sich auf. So wird aus ordinärem, fettem Speck der delikate *lardo asciugato da sale*, original nur aus Colonnata. In zarte, durchscheinende Scheiben geschnitten, zergeht er förmlich auf der Zunge.

Kunst und Anarchie

Im Jahr 1945 fand in der Stadt der Marmorarbeiter der erste Anarchistenkongress statt. Es heißt, die Gegend von Carrara sei noch heute eine Hochburg der Anarchisten. Der Reichtum der Marmorhändler

3

4

1 *Marmor für Kitsch und Kunst in reinem Weiß, mal in natura, mal museal – die Welt um Carrara.* – 2 *Das Skulpturatelier Carlo Nicoli präsentiert stolz lokale Marmorkunst.* – 3 *Der Schatz der Apuanischen Alpen wiegt Tonnen.* – 4 *Der kalorienreiche Lardo di Colonnata, ein gewürzter Speck, war einst beliebt bei den Steinarbeitern.* – 5 *Im mondänen Forte dei Marmi reihen sich an der Küstenstraße prächtige Villen aneinander.*

zeigt sich in den historischen Bauten. Der Dom im pisanischen Stil, Bürgerhäuser, Renaissancepaläste, ja sogar ein ganzer Platz, die Piazza Alberica, sind mit Marmor bestückt. Im mittelalterlichen Kastell ist die im Jahr 1769 gegründete Accademia delle Belle Arti, eine der ältesten Akademien Italiens, untergebracht. Etwa 600 Studenten beschäftigen sich hier mit Bildhauerei, Malerei, Design, Multimedia und Bühnenbildnerei. Anlässlich der Biennale werden in der Akademie und überall in der Stadt Exponate aus Marmor, aber auch aus anderen Materialien ausgestellt. Unter den ausstellenden Künstlern waren schon Fernando Botero, Louise Bourgeois und Henry Moore. Moore fühlte sich der apuanischen Riviera so verbunden, dass er Forte dei Marmi eine Zeit lang zu seinem Aufenthaltsort machte.

Der Schiefe Turm von Pisa

Seit dem 15. Dezember 2001 sei der Schiefe Turm von Pisa wieder offen: In dieser knappen Form tickerte die Nachricht über die Bildschirme der Presseagenturen. Eine Meldung, die genauso unmöglich erschien, als wollte man verkünden, Venedig wäre vor dem Untergang gerettet. Und doch, das Unmögliche ist wahr. Was war geschehen? Der Turm war doch schon bei einer Abweichung von 4,5 Metern umgekippt – auf dem Bildschirm. Eine Computersimulation, gestützt auf die Beobachtung durch mehr als 100 Sensoren, hatte die mögliche Katastrophe vorweggenommen. Dass er in Wirklichkeit immer noch der Schwerkraft standhielt, war ein Wunder, auf das man sich lieber nicht verlassen wollte. Am 7. Januar 1990 sperrte man ihn. Pläne über Pläne wurden vorgelegt, diskutiert und teilweise in Angriff genommen. Gefallen haben sie dem Turm offenbar nicht: Er neigte sich weiter, sogar recht nachdrücklich, als ob er sein Missfallen extra demonstrieren wollte. Und doch: Die Kräne sind abgerückt, die Fräsen eingepackt, alle Haltetaue gekappt, denn erstmals hat sich der Turm wieder aufgerichtet, etwas zumindest. Nun neigt er sich rund 40 Zentimeter weniger als zuvor, die Schräglage hat sich um fast zehn Prozent verbessert. Der Präsident der für die Rettung verantwortlichen Kommission, Michele Jamiolkowski, zeigte sich erleichtert: »Für die nächsten 300 Jahre ist das Problem gelöst.«
Seine Rettung verdankt der Turm einer aufwendigen Aktion. Zunächst bekam er in 20 Metern Höhe vier stählerne Haltegurte umgelegt, die im Boden verankert wurden. Als Gegengewicht verpasste man ihm eine 830 Tonnen schwere Eisen- und Bleiverankerung. Die Kosten der Rettungsaktion beliefen sich auf umgerechnet mehr als 25 Millionen Euro. Maximal 30 Personen können heute in Begleitung zweier Fremdenführer den rund 800 Jahre alten Turm bis zu seiner Spitze in 55 Metern Höhe wieder besteigen.

Platz der Wunder

Wer nicht von einem der Touristenbusse direkt am Fuß des Turmes ausgespuckt wird, der lernt am besten erst einmal die Stadt kennen, ihre Straßen, Gassen, engen Plätze und ihre Paläste, die schon bessere Zeiten gesehen haben – ein unmittelbarer Kontrast zu der freien, grünen Weite des Domplatzes, der Piazza dei Miracoli. Der Platz der Wunder spielte eine städtebauliche Sonderrolle: Er sollte die Vormachtstellung der Pisaner Republik im Mittelmeerraum demonstrieren. An zwei Seiten von der Stadtmauer eingerahmt, gab man ihm außerhalb des Zentrums viel Raum. Der 100 Meter lange Duomo mit der Kanzel Pisanos, das gotisch-romanische Baptisterium, der monumentale Campo Santo und der Turm Torre Pendente erzählen vom Aufstieg der Stadtrepublik. Und von den Pisanos, der Künstlerfamilie, deren

1 *Pisa: Wahrzeichen en détail.* – 2 *Auf dem Campo Santo, dem »Heiligen Feld« in Pisa, fanden die Toten ihre letzte Ruhe in geweihter Erde aus Jerusalem.* – 3 *Der Palazzo dei Cavalieri verleiht der gleichnamigen Piazza ihren eleganten Renaissancerahmen.*

2

3

1

2

künstlerisches Werk und Einfluss bis weit ins Innere der Toskana reichten.

Samt und Seide

Aus den offenen Fenstern eines alten Palazzo an der Piazza del Suffragio ertönt eine Mazurka von Chopin. Das Luigi-Boccherini-Konservatorium in Lucca ist eines der besten Italiens; es bringt nicht nur erstklassige Pianisten hervor, sondern ab und zu auch Stars der italienischen Rockmusik wie zum Beispiel Gianna Nannini. Unter den Platanen der Piazza Napoleone, Treffpunkt der lucchesischen Kids, wird eine Schulklasse aus Modena auf das anstehende Kulturprogramm vorbereitet: den Dom, das Anfiteatro Romano, den Turm Torre dei Guinigi und die intakte Stadtmauer. Bummelnde Touristen bleiben stehen und nehmen eine kurze Geschichtslektion mit. Die Platanen sind ein Erbe Napoleons. Sie wurden während der kurzen Herrschaft von Elisa, der Schwester Napoleons, die als Fürstin von Lucca und Piombino in den Jahren 1805 bis 1813 regierte, gepflanzt. Nach dem Fall Napoleons kam Lucca unter die Herrschaft der Bourbonen. Seine politische Bedeutung war schon lange nicht mehr mit der Macht zu vergleichen, die es im Jahr 570 hatte, als Lucca noch Sitz der Langobarden und Hauptstadt von Tuscien gewesen war. Im Jahr 1100 wurde Lucca Republik, der Reichtum der herrschenden Adelsfamilien basierte auf der Herstellung von Seide und Brokat. Der mächtige Wall, der die Seidenmetropole schützte, ist über vier Kilometer lang und so gut erhalten wie keine andere Stadtbefestigung in Italien. Folgt man der *Passeggiata delle Mura* bei einem Spaziergang oder einer Fahrradtour (die Luccheser sind begeisterte Pedaltreter, und man kann überall Räder mieten), erhält man einen guten Überblick. Das ist nötig, denn das Labyrinth der Straßen und Plätze orientiert sich eben am Rund der Mauern, und so läuft man in der Altstadt als Ortsunkundiger ständig im Kreis. Den schönsten Blick hat man vom mittelalterlichen Wehrturm der Familie Guinigi – wenn man ihn gefunden hat …

San Martino

Unter all den Kirchen Luccas – zwischen 90 und 100 sollen es sein, keiner weiß das genau – zählen einige zu den schönsten Beispielen pisanischer Romanik. Der Duomo San Martino mit seiner Fassade aus weißem und grünem Marmor und den drei aufeinander aufbauenden Galerien war die erste Station in der Karriere des jungen Puccini. Es hieß, sein Orgelspiel wäre zu eigenwillig, zu wenig andachtsvoll. Giacomo Puccini focht das nicht an; der Erfolgskomponist fand in der Oper mehr Freiraum als in der Kirchenmusik. Die meisten Besucher kommen allerdings wegen des Volto Santo, des hölzernen Kruzifixes, das der heilige Nikodemus mit sich geführt haben soll, als er im 8. Jahrhundert in Luni gestrandet und nach Lucca gebracht worden war. Immer am 13. September wird es bei einem Umzug durch das Centro Storico getragen.

1 *Blick vom Guinici-Turm auf die Kathedrale San Martino in Lucca …* – 2 *… und auf das Amphitheater.* – 3 *Eine romanische Prunkfassade mit Zwerggalerien stockweise übereinander ziert den Dom von Lucca.* – 4 *Auch zahlreiche Details prägen die Domfassade.* – 5 *Das Denkmal auf der Piazza Napoleone ehrt Maria Luise von Bourbon, die von 1815 bis 1824 die Herzogin von Lucca war.*

Neue Methoden statt Menschenkraft: Die Arbeitstechniken in den Marmorbrüchen sind auf dem neuesten Stand. Die Gefahr jedoch ist geblieben, und nach wie vor hängen die Einkommen vieler Familien von diesem »weißen Gold« ab.

Seite 44/45

Schönes und Schräges auf der »Wunderwiese«, der Piazza dei Miracoli. Die Schieflage der Torre Pendente ist seit der grundlegenden Renovierung von 2001 gesichert und der Turm ist wieder begehbar. Der imposante Dom diente vielen Kirchen der Toskana als Vorbild.

1

1 *Höfischer Glanz im Hinterland von Lucca: Die Villa Garzoni mit ihrem Garten ist die größte unter den Luccheser Prachtvillen.* – 2 und 3 *Eine Vielzahl von Skulpturen trägt zur besonderen Atmosphäre des Garzoni-Gartens bei.* – 4 *Viareggios Schokoladenseite: Die Strandpromenade schmückt sich mit Fronten im Liberty-Stil.* – 5 *Die Villa Torrigiani in Camigliano diente der reichen Familie Buonvisi als Sommerresidenz. Die Gestaltung der grandiosen Gartenanlage geht auf André Le Nôtre zurück.*

Florenz und Umgebung

»... wie viel Schönheit ganz anderer Art erfährt man, wenn man an einem lieblichen, klaren Morgen von einer Anhöhe auf Florenz hinabblickt. Da liegt es vor uns in dem sonnendurchfluteten Tal, durchflossen von dem sich dahinwindenden leuchtenden Band des Arno und eingeschlossen von schwellenden Hügeln. Seine Kuppeln, Türme und Paläste erheben sich aus der üppigen Landschaft als eine riesige schimmernde Masse und glänzen in der Sonne wie Gold.«
Charles Dickens

Florentiner Spaziergänge: Zuerst ein Picknick in den Boboligärten in der illustren Gesellschaft ehrwürdiger Statuen, danach hinauf zum Kaffeehaus. Von dort genießt man bei einem klassischen Cappuccino den wundervollen Ausblick über Florenz.

Die Schöne im Garten

Florenz – Montecatini Terme – Arezzo

Wie wäre es damit, den Morgen in Florenz mal ganz anders, nicht kunstsinnig, sondern einfach hungrig zu beginnen? Da empfiehlt sich ein Streifzug durch die noch immer wundervolle Markthalle des Mercato Centrale im Viertel San Antonio. Das ist allerdings nichts für empfindsame Gemüter: An den Ständen baumeln tote Hasen und gerupfte Gänse mit dem Kopf nach unten und Wildschweinkeulen, an denen noch Borsten kleben. Natürlich ganz frisch von den Marktleuten in aller Herrgottsfrühe aufgebaut.

Kutteln zum Frühstück

Wenn sie die Markthalle dann für die Kundschaft öffnen, haben sie sich ihr deftiges Frühstück redlich verdient. Wer es ihnen gleichtun möchte, bestellt sich *Semelle con Lampredotte*. Das sind Semmeln (!) mit Kutteln (*trippa*), fein geschnitten, heiß ins Brötchen eingelegt, mit Salz und

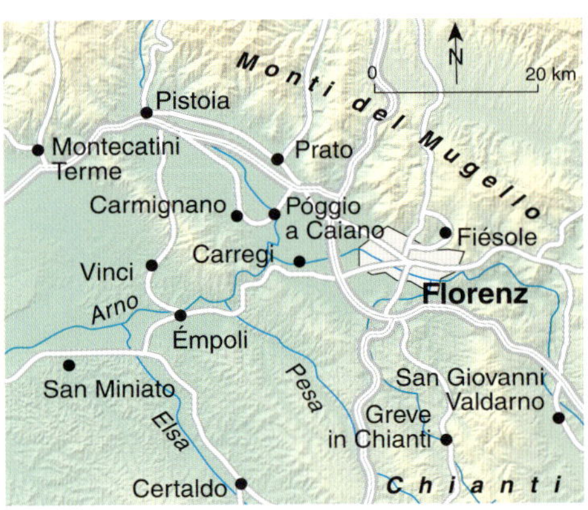

Pfeffer bestreut und dann kurz in Fleischbrühe getränkt. Solchermaßen gestärkt kann man sich dann also einlassen auf die »Schöne im Garten«.
Und: Sie ist nicht einfach zu nehmen, das war sie noch nie. Sie ist stolz, manchmal abweisend. Sie schmückt sich und ist doch nicht gefällig. Sie bietet viel, aber sie verlangt einem auch viel ab. Kurzum, Florenz präsentiert sich nicht verschwenderisch wie Venedig oder offen wie Rom. Das Faszinierende lag und liegt für Millionen Besucher aus allen Ländern im Spannungsfeld von steingewordener Macht und kunstvoller Umsetzung neuer Sichtweisen und Ideen. In beidem haben sie Beachtliches erreicht, die Florentiner.

Kulturmarathon

Wer einmal versucht hat, innerhalb von drei, vier Tagen (das ist das durchschnittliche Kontingent, das ein Tourist für den Besuch von Florenz ansetzt) das Pflichtprogramm der Reiseführer abzulaufen, der gibt irgendwann auf und geht erst einmal in ein Caffè an der Piazza della Signoria, oder er entwickelt Sports-, wenn nicht gar Kampfgeist. Seine Herausforderer sind mindestens ein Dutzend Kirchen, ebenso viele Museen und Paläste, Festungen, Gärten, Brücken, außerdem die Tempel des Luxus in der Via Tornabuoni, die Empfehlungen des »Gambero Rosso«, die *enoteche* und der in jedem Reisenden lauernde Wunsch, etwas ganz Eigenes, den Geheimtipp schlechthin zu entdecken. Und in diesem Kampf ist er nicht allein, nein, ungefähr drei Millionen Touristen jährlich streiten an seiner Seite und manchmal auch gegen ihn, wenn zum Beispiel die Schlangen vor den Uffizien Demonstrationszuglänge annehmen oder wenn die letzte Führung vor der Nase weg im Museum verschwindet. Spätestens dann tut man es am besten Stendhal gleich: »Heute Abend saß ich auf einem Korbstuhl vor dem Café mitten auf dem großen Platz, gegenüber dem Palazzo Vecchio. Weder die Menschenmenge noch die Kälte – beide gleich unbedeutend – hinderten mich daran, alles zu sehen, was auf diesem Platz geschehen war. Hier hatte Florenz zwanzig Mal versucht frei zu werden, hier war Blut geflossen für eine Verfassung, die nicht zu verwirklichen war.« Während der Mond hinter der dunklen Masse des Palazzo Vecchio aufging, machte sich der Franzose mit dem deutschen Pseudonym im Januar 1817 Gedanken über Meisterwerke, Leidenschaften und Tragödien. Mit alldem kann Florenz im Überfluss aufwarten.

Freilichtbühne

Die heutigen Touristen, die endlich einen Sitzplatz erobert haben, genießen die un-

Un caffè? *Ein Kaffeehaus aus den frühen Tagen des 20.Jahrhunderts: das »Caffè Gilli«. In diesem sowie im »Giubbe Rosse« und im »Paszkowski« trafen sich Künstler, Politiker und Intellektuelle, hier wurde Kultur- und Politikgeschichte geschrieben.*

1

1

2

endlich vielen kleinen Szenen, die auf der Piazza della Signoria zu jeder Tages- und Nachtzeit gratis gegeben werden. Liebespaare, Rentnergrüppchen, italienische Großfamilien, deutsche Zwei-Karrieren-ein-Kind-Familien, Schulklassen, japanische Manager, chinesische Hochzeitspaare, texanische Reisegruppen, Rucksackträger und Souvenirverkäufer aus Kamerun ... Hauptdarsteller, Statist oder Zuschauer, bedeutend oder nicht – jeder sucht sich seinen Part aus.

Bei einem *macchiato* kann man das Bühnenbild, die harmonische Komposition aus Gotik und Rennaissance, aus Palazzo Vecchio, Uffizien und Loggia dei Lanzi jedenfalls ganz in Ruhe betrachten, bevor man sich wieder ins Getümmel stürzt.

Entweder auf der Piazza del Duomo oder auf der Piazza della Signoria beginnt dann der übliche Besichtigungsmarathon der Schulklassen und Reisegruppen.

Duomo

Zuerst zum Dom: Die Stadtverwaltung als Bauherr verwandte bis zu achteinhalb Prozent der Steuereinnahmen von Florenz für das Bauvorhaben – und das über 70 Jahre lang! Trotzdem wurde der Dom schließlich kleiner als vorgesehen: Er sollte eigentlich 30 000 Menschen fassen; heute kann er bis zu 5000 Gläubige beherbergen. Damit zählt er weltweit zu den größten Kirchenbauten.

Im Jahr 1296 bekam Arnolfo di Cambio den Auftrag von der Zunft der Wollweber, daher auch das Lamm über dem Portal. Nach seinem Tod führte Giotto das Werk fort. Außen präsentiert sich der Dom in Marmorinkrustationen in Rot, Weiß und Grün, den Farben, die sich auch das heutige Italien auf die Fahne geschrieben hat.

Um bei der Kuppel auf das übliche runde Holzgerüst zu verzichten, das statisch problematisch war, ersann Brunelleschi eine neuartige Konstruktionsmethode. Er ließ Ziegelsteine im Fischgrätenmuster zu einem ringförmigem Mauerwerk verbinden. Der darauf folgende Mauerring wurde durch senkrecht eingebaute Halterungen befestigt. Die Kuppel besteht aus einer inneren und einer äußeren Schale, zwischen denen man hinaufsteigen kann, um einen wunderbaren Rundumblick über die Stadt am Arno zu genießen.

Baptisterium

Bei dem nördlichen und östlichen Bronzetor des Battistero San Giovanni handelt es sich um Arbeiten von Lorenzo Ghiberti (1378–1455). 1401 schrieb die Stoffhändlergilde einen Wettbewerb für die Anfertigung des Nordportals aus. Zum ersten Mal seit der Antike entschied ein künstlerischer Wettstreit über die Auftragsvergabe. Die Hauptkonkurrenten waren Ghiberti und Brunelleschi. Beide bekamen die gleiche »Testaufgabe«. Diese Entwürfe werden noch heute im Museo Nazionale del Bargello aufbewahrt. Florenz als unabhängige Stadt zeigte damit in Zeiten der politischen Unruhen Stärke; entsprechend wurde auch das Thema gestaltet: Isaak (stellvertretend für Florenz) wird gerettet, Gott verhindert die Opferung Isaaks durch Abraham.

Beide Künstler hatten sich an genaue Vorgaben zu halten. Trotzdem fielen die Entwürfe völlig unterschiedlich aus. Während Ghibertis Isaak besonders durch seine Körperhaltung die Stärke verkörpert, zeigt sich Brunelleschis Isaak biegsam.

3

Die Händler versprachen sich von Ghibertis unnachgiebigem Isaak mehr.

Über 20 Jahre lang arbeitete Ghiberti an diesem Auftrag, die Pforte zeigt auf 28 Tafeln Szenen aus dem Leben Jesu, die vier Kirchenväter und die vier Evangelisten.

Besonders beeindruckend ist der Folgeauftrag, das östliche, dem Dom zugewandte Bronzetor. Michelangelo nannte es voller Bewunderung die »Paradiespforte«. Dargestellt sind darauf Szenen aus dem Alten Testament.

1 *Blick auf die majestätische Domkuppel und den Turm des Palazzo Vecchio in der Altstadt von Florenz.* – 2 *Die Goldmosaike an der Decke des Baptisteriums San Giovanni von Florenz gehören zu den umfangreichsten Mosaikgeschichten des 13. Jahrhunderts.* – 3 *Das Baptisterium ist einer der zentrale Bauten der lokalen Protorenaissance.*

Allerdings handelt es sich hier inzwischen um eine Kopie; das Original – einige Tafeln sind mittlerweile restauriert – befindet sich im Dommuseum, das nach langen Ausstattungsarbeiten nun wieder geöffnet ist. Das südliche Tor ist älteren Datums. Andrea Pisano arbeitete von 1330 bis 1336 an den Reliefs, die das Leben Johannes des Täufers, des Schutzpatrons der Stadt, schildern.

Ponte Vecchio

Ein weiteres architektonisches Highlight ist der Ponte Vecchio. Obwohl auf der Brücke mehr Kitsch als Kunst angeboten wird, sollte man sich doch in die Fußstapfen Cosimos I. begeben und die älteste und als einzige im Zweiten Weltkrieg unzerstörte Brücke von Florenz überqueren. Der Ponte Vecchio steht genau an der Stelle, an der die Via Cassia den Arno überquerte, zuerst mittels einer Holzbrücke, aber schon seit dem Jahr 123 aus Stein gebaut. Die mächtigen Brückenbogen tragen eine zur Ostseite hin geschlossene Bebauung von vielen bunten, kleinen Häuschen; nur über dem mittleren Brückenbogen wird dieses »Schwalbennester-Ensemble« von einer dreibögigen Loggia unterbrochen.
Seit dem 13. Jahrhundert ist der Ponte Vecchio bewohnt: zunächst von Florentiner Metzgern und Gerbern, die den darunter fließenden Arno zur Müllentsorgung benutzten. Cosimo I. fühlte sich bei seinem täglichen Gang über die Brücke so belästigt, dass er den Architekten und Maler Giorgio Vasari beauftragte, ihm einen darüberliegenden Korridor zu bauen, um so unbehelligt von zu Hause, vom Palazzo Pitti, zu seinem »Arbeitsplatz«, dem Palazzo Vecchio, zu gelangen. Der berühmte Corridoio, der im Jahr 1565 in nur fünf Monaten erbaut wurde, überbrückt dabei nicht nur die ganze Länge des Ponte Vecchio, sondern verbindet darüber hinaus die beiden Paläste.
Im Jahr 1594 kam schließlich das Aus für die Metzger. Großherzog Ferdinando entledigte sich des Problems ganz einfach, indem er die Mieten verdoppelte. Das konnten sich dann nur noch die wohlhabenden Goldschmiede leisten.
Nach der Genialität eines Benvenuto Cellini, der mit einer Büste auf dem Ponte Vecchio geehrt wird, sucht man heute in den Auslagen vergeblich. Mit einer Ausnahme: die Fratelli Piccini. Seit 1903 betreiben sie hier ihr goldenes Gewerbe, die Kundenliste ist illuster: Bette Davis, Clark Gable, Ingrid Bergmann, die Marchesi Antinori und die Baroni Ricasoli.
Der Vasari-Korridor dient heute als Ausstellungsraum für eine bedeutende und sehenswerte Sammlung von Selbstbildnissen, z. B. von Reni, Guernico, Rubens, Rembrandt und Albrecht Dürer.

Echte Florentiner?

Kein Wunder, dass Touristen aus aller Welt diese Schätze besichtigen wollen. Doch es stellt sich die Frage: Wie halten

1 *Michelangelos weltberühmter »David« vor dem Palazzo Vecchio; das Original ist in der Accademia zu bewundern.* – 2 Belle donne: *sehen und gesehen werden …* – 3 *Die Florentiner Domfassade aus dem 19. Jahrhundert.* – 4 *Abends hat man den besten Blick vom Piazzale Michelangelo.* – 5 *Vom Mittelteil des Ponte Vecchio aus blickt man auf den Fluss hinunter.*

4

5

1

2

die Florentiner Bürger das nur aus? Und: Wo stecken sie überhaupt? Man könnte doch glatt den Eindruck gewinnen, dass in dem Supermuseum Florenz echte Florentiner zu einer Rarität werden. In den inneren Stadtvierteln leben ungefähr 350 000 Einwohner. Im Laufe eines Sommers besuchen fast ebenso viele japanische Touristen diese historischen Quartiere. Da ist es schon verständlich, wenn sich die Einwohner von Florenz manchmal als Minderheit vorkommen.

»Solange die ihr Geld hier lassen und die Kommune unsere Gebäude und Plätze instand setzt, ist nichts dagegen zu sagen.« – »Wenn's uns zu viel wird, verziehen wir uns eben. Hinter Santa Croce, da hat man immer noch seine Ruhe.« – »Also, sagen Sie Ihren Landsleuten, sie sollen ruhig kommen.« – »Besonders die blonden Damen.« – »Ach ja, die Blonden, die marschieren jetzt bauchfrei umher!« – »Ja, ja, die Mode …« – »Dafür hast du dich doch schon immer interessiert!« – »Ist doch Kultur, oder?« So unterhalten sich drei *signori* im rüstigen Rentneralter, die sich in einem Café vor Santa Croce als gebürtige Florentiner outen. Der echte Florentiner nimmt's eben mit echtem Kaufmannsgeist. Und natürlich mit Sinn für die schönen Seiten des Lebens.

Cosimo und Lorenzo

Damit steht man ganz in der Tradition der Familie Medici, die Florenz zu dem gemacht hat, von dem es heute noch profitiert: zur *città del rinascimento*. Die Medici kamen im 14. Jahrhundert über das Geldwechseln zu Wohlstand und damit geradewegs in die obere Gesellschaftsschicht. Unter dem Namen »Giovanni de' Medici e Compagni« entstand in Florenz die Keimzelle eines gewaltigen Bankenimperiums. Aber erst der Sohn des Gründers, Cosimo, später genannt der Ältere, machte Florenz zur Medici-Stadt. Während seiner Herrschaft, die fast drei Jahrzehnte lang währte, überstand er unbeschadet manche Intrige, lenkte umsichtig die Geschicke der Stadt und förderte als Mäzen großzügig Kunst und Architektur. Er war der Gründer der Platonischen Akademie, der Geburtsstätte des Humanismus, die seinem Sohn Lorenzo ein besonderes Anliegen war. Hier versammelte Lorenzo Philosophen und Dichter, die die Wiederbesinnung auf die Werte der klassischen Antike, die Renaissance, propagierten. Unter Lorenzo, genannt »Il Magnifico«, der Prächtige, erlebte Florenz eine unvergleichliche Blütezeit. Seinem Mäzenatentum verdankt die Stadt und die Welt auch den berühmten »David«, der – ganz im Verständnis des Humanismus – als Sinnbild für Freiheit und Selbstbestimmung des Menschen steht, links vor dem Palazzo Vecchio, allerdings heutzutage als Kopie. In der Galleria dell' Accademia befindet sich das Original, die erste Monumentalstatue der Hochrenaissance, geschaffen von keinem Geringeren als Michelangelo, den Lorenzo übrigens als Fünfzehnjährigen in sein Haus aufnahm und dessen künstlerischer Genialität er zum Durchbruch verhalf. Eine fördernde Freundschaft verband ihn auch mit Sandro Botticelli, dessen lyrische Frauenbilder »Der Frühling« und »Die Geburt der Venus« als Postkartenmotive heute weltweit zu Ikonen des Kitsches mutieren. Steht man ihnen aber in den Uffizien im Original gegenüber, dann spürt man selbst im dichtesten Gedränge die Magie, die von ihnen ausgeht.

Die »Venus« war eine Hommage des Künstlers an Simonetta Vespucci, damals gerade 16 Jahre alt. Sie und der jüngere Bruder Lorenzos, Giuliano de' Medici, galten als das schönste Paar der Florentiner Gesellschaft. Als Giuliano am 26. April 1478 bei einem vom Papst, vom

1 *Die Uffizien (1559–1581) dienten ursprünglich als Büros für Ämter und Ministerien, daher der Name.* – 2 *Der Palazzo Vecchio, einst Schauplatz von Macht, Mord und Vergeltung, zeigt sich auch heiter, etwa mit Verrocchios »Putto mit dem Delfin« von 1475/80.* – 3 *Sandro Botticellis Gemälde »Frühling« (1478) in den Uffizien.*

Florentiner Erzbischof und von der missgünstigen Bankiersfamilie Pazzi geplanten Anschlag während des Hochamtes im Dom erstochen wurde, konnte Lorenzo gerade noch entkommen. Noch am selben Tag wurden sowohl der Erzbischof als auch Dutzende von Freunden und Verbündeten der Pazzi-Familie gelyncht; am nächsten Tag ereilte das gleiche Schicksal auch Jacopo Pazzi, den Chef des Familienclans. Auf Anweisung des Magistrats malte ausgerechnet Botticelli, der Schöpfer zarter Frauenbildnisse, die Verschwörer und Mörder kopfüber hängend an die Wand des Palazzo Vecchio. »Fanatismus contra Humanismus« hätte die Schlagzeile dazu lauten können.

Savonarola und das Erbe der Medici

Der Tod Lorenzos im Jahr 1492 gab dann dem glühenden Fanatismus eines Dominikanermönchs genügend Spielraum, um die Medici sogar zeitweilig aus Florenz zu vertreiben. Für den asketischen Girolamo Savonarola war der Name Medici das Synonym für Verschwendungssucht und Laster. Savonarola wurde der Anführer einer radikalen Bewegung, die jeden Luxus verbot, Frauen die Teilnahme am öffentlichen politischen Leben untersagte, ein schlichtes graues Gewand als Einheitsbekleidung vorschrieb und die Florentiner dazu brachte, Luxusgegenstände, Bilder und Schriften öffentlich zu verbrennen. Sogar Botticelli übergab Bilder den Flammen. Dass wir heute dennoch sein großes Werk bewundern können, liegt zum einen daran, dass Lorenzo Il Magnifico, der Savonarola selbst nach Florenz geholt hatte, kurz vor seinem Tod die Gemälde, die sich in seinem Besitz befanden, in Sicherheit bringen ließ, und zum anderen daran, dass die Florentiner auf längere Sicht doch nicht jedem Genuss entsagen wollten. Im Jahr 1498 wurde Savanorola erst aufgehängt und dann verbrannt. Natürlich vor dem Palazzo Vecchio.
In den folgenden Jahrzehnten durchlebte die Familie Medici ein wechselhaftes Schicksal der Vertreibung und Rückeroberung. Im Jahr 1536 betrat Cosimo I. die politische Bühne. Mit eiserner Hand zwang er die toskanischen Provinzen unter seine Hoheit. Für seinen Verwaltungsapparat ließ er sich von Vasari die Uffizien direkt neben dem Palazzo Vecchio bauen. Die Bogenhalle gegenüber wurde zum Quartier seiner Schweizer Garde, den »Lanzenträgern«. Der Name Loggia dei Lanzi ist bis heute geblieben. Im Jahr 1569 wurde Cosimo I. Großherzog der Toskana. Nach seinem Tod im Jahr 1574 ging die große Epoche der Medici unaufhaltsam zu Ende, und heute stellt sich die Frage: Was ist als Erbe der Medici geblieben? Ghibertis Paradiestor für das Baptisterium. Brunelleschis gewaltige Domkuppel. Donatellos »David« in Bronze, Michelozzos Palazzo Medici in der Via Cavour. Im selben Palazzo Gozzolis »Zug der Heiligen Drei Könige«. Fra Angelicos Fresken im Dominikanerkloster San Marco. Botticellis Idealfrauen in den Uffizien. Ghirlandaios Fresken im Chor von Santa Maria Novella. Michelangelos Statue des »David« in den Uffizien. Das ist sozusagen der Zuckerguss auf dem Kuchen. Aber in diesem Kuchen stecken noch ganz andere Rosinen, die nur darauf warten, herausgepickt zu werden.

Gelato

Dabei ist nicht nur Kunstgenuss angesagt, nein, auch für die etwas profanere Art zu genießen hält Florenz allerhand Superlative bereit. Einer davon ist sicher die legendäre »Gelateria Vivoli« in der Via dell'Iso-

1 *Starke Farben zeichnen die Fresken aus der Hand des Ghirlandaio in Santa Maria Novella aus.* – 2 *Monumentale Bildhauerkunst und Festung zugleich: Der Palazzo Vecchio wurde im 14. Jahrhundert erbaut als Palazzo della Signoria, der Volkspalast der Stadtregierung.*

2

1

2

la delle Stinche, was nicht nur schwer auszusprechen, sondern auch schwer zu finden ist. Kleiner Tipp: Wenn man das Teatro Verdi findet, muss man nur in die Richtung gehen, aus der all die Menschen mit verzücktem Gesichtsausdruck und Eistürmen von bis zu 20 Zentimetern Höhe herkommen. Im Vivoli hat man die Qual der Wahl zwischen mindestens 30 Eissorten, davon etliche Schokoladespezialitäten. Dass hier auffallend viele Jugendliche aus England und den USA unter den Gelato-Fans sind, liegt daran, dass das »Vivoli« besonders in englischen und amerikanischen Reiseführern angepriesen wird. Übrigens meistens in einem Atemzug mit der Santa Croce, die gerade um die Ecke liegt, und mit einem Hinweis auf E. M. Forsters Roman *Zimmer mit Aussicht*.

Die Idee ist gar nicht so schlecht: Man begebe sich mit Eis und Buch auf die Piazza vor der Kirche und vertiefe sich in das zweite Kapitel, in dem das Schicksal es will, dass Miss Honeychurch ohne Baedeker vor Giottos Fresken steht und glücklicherweise Mr. George Emerson zur Stelle ist, um einige interessante kunstgeschichtliche Hinweise zu geben. An dieser Stelle dazu nur so viel: Giottos Fresken in der Perruzzi-Kapelle! Michelangelos Grabmal! Im Museum das berühmte Holzkreuz von Cimabue! Nicht zu vergessen die Della-Robbia-Babies! (Die sich aber im *ospedale degli innocenti*, dem ehemaligen Findelkinderhaus von Florenz befinden.) Santa Croce ist die am meisten mit Kunstwerken bestückte Kirche in Florenz. Kunsthistoriker könnten hier in wahre Besichtigungsexzesse verfallen, dagegen haben Normalsterbliche schon mal das Gefühl, eine Überdosis verkraften zu müssen.

Gucci!

Ganz andere Gefahren lauern auf der Via Tornabuoni. Hinter den noblen Fassaden und den Schaufenstern mit ihren hochästhetischen Auslagen warten Versuchungen, denen man nur zu gerne erliegt. Um in diesem Konsumparadies aus dem Vollen zu schöpfen, geht man vorher durchs Fegefeuer, also zum Bankautomaten, und strapaziert gnadenlos die Kreditkarte.

Der Aufstieg des Kultlabels mit den zwei verschlungenen »G« von einer kleinen, feinen Sattlerwerkstatt in Florenz zum weltumspannenden Imperium, das dann schließlich mit arabischen Öldollars saniert und mit amerikanischem Design-Input gerettet wurde, ist eine Story, die viel von einem mediceischen Thriller hat – nur, dass sie eben in unserer Zeit spielt. Wer die turbulente Geschichte nachlesen will, dem sei *Gucci. Mode, Mord und Business* von Sarah Gay Forden empfohlen. Wie gesagt, die Anfänge im Jahr 1921 waren klein, aber fein, doch so bescheiden sollte Guccio Gucci nicht bleiben. Der große Ansturm auf Gucci-Taschen und Gucci-Schals setzte dann Ende der Vierzigerjahre ein. Die legendäre Handtasche mit dem Bambusgriff wurde von Sophia Loren »vorgetragen«, in den Sechzigerjahren machten Grace Kelly und Audrey Hepburn Guccis Seidenschals zum Synonym für den Hollywoodchic. Die Guccis kamen zu Geld, zu einer Jetset-tauglichen Segeljacht, zu Luxusappartements in den

3

besten Lagen, zu neuen Freunden, die nicht immer die besten waren, zu schönen Frauen, die abserviert wurden, wenn sie nicht mehr neu genug waren – und das war's dann auch: Im Jahr 1985 brach Maurizio Gucci tot vor seinem Büro zusammen. Vier Kugeln hatten den Sohn des Firmengründers in den Kopf getroffen. Erst im Jahr 1997 gelang es Ermittlern,

1 *Noble Fassaden: Florenz ist auch ein Einkaufsparadies. Schmuck, Lederwaren, Papier, Parfum und natürlich Wein sind mehr als verführerisch, allein die Auslagen sind schon einen Schaufensterbummel wert.* – 2 *Antike Bilderrahmen in einem der traditionsreichen Geschäfte in Florenz.* – 3 *Ledertaschen in einer Boutique.*

das Gewirr von üblen Gerüchten, Hass und Leidenschaften zu entwirren. Das Ende von Maurizio Gucci war wohl dem Ende einer Liebe zu verdanken – seine Ex-Frau soll die Drahtzieherin des Mordkomplotts gewesen sein. Die Guccis standen ganz oben in den Schlagzeilen, aber das Unternehmen sackte immer tiefer in die roten Zahlen. Bis dann der ideenreiche Tom Ford aus Amerika erschien. Seitdem ist Gucci wieder gleichbedeutend mit Style, Glamour und Sex.

Geschlechterkrieg

Doch Liebe und Sex haben in Florenz schon im Mittelalter eine teilweise unrühmliche Rolle gespielt – etwa im toskanischen Geschlechterkrieg. Guelfen oder Ghibellinen, Schwarz oder Weiß, Links oder Rechts. Diese gegensätzlichen Paare verbanden sich zu immer neuen Gruppierungen, sodass es heutzutage nicht ganz einfach ist, die Kontrahenten des Mittelalters auseinanderzuhalten. Historiker gehen davon aus, dass die Guelfen auf das deutsche Herrschergeschlecht der Welfen oder Guelphen zurückzuführen seien, während die schwäbischen Hohenstaufen später ihrer Herkunft nach Guaibelinger oder Waiblinger genannt wurden. Nach dem Tod von Heinrich V. im Jahr 1125 brach zwischen den beiden Parteien ein Krieg aus.

Den Welfen lag daran, sich mit dem Papst zu arrangieren, die Waiblinger versprachen sich mehr vom Kaiser und schlugen sich auf dessen Seite. In der Toskana stand *guelfi* für die Befreiung von der kaiserlichen Herrschaft; damit ging auch das Entstehen der unabhängigen Städte einher, die vom Papst unterstützt wurden. Die ghibellinischen Städte unter dem Schutz des Kaisers erlangten ihrerseits besondere Begünstigungen – ganz ohne Berechnung war die Kaisertreue nicht. In Florenz, das sich schon im Investiturstreit auf die Seite der Mathilde von Toskana gestellt hatte, soll der Geschlechterkrieg zwischen Kaisertreuen und Papsttreuen aber angeblich erst nach einem Liebesdrama ausgebrochen sein.

Am Ostersonntag des Jahres 1215 wurde ein edler, gut erzogener und vermögender junger Mann ermordet.

Es handelte sich um Buondelmonte dei Buondelmonti. Der junge Mann mit dem volltönenden Namen war einer Tochter der Familie Amidei versprochen. Unglücklicherweise verliebte er sich aber in die schöne Beatrice Donati und wollte von seinem gegebenen Wort nichts mehr wissen. Das kostete ihn das Leben. Seine Mörder, die Amidei, und ihre Komplizen, die Uberti, gehörten zu den Ghibellinen. Die Buondelmonti und die Donati schlugen sich deshalb prompt auf die Seite der guelfischen Papsttreuen.

Nicht immer verlief die Feindschaft so eindeutig. Im Lauf der Zeit wurden selbst innerhalb der Familien die Seiten gewechselt, sodass die Lage immer unübersichtlicher wurde. Ein prominentes Opfer der feindseligen Verwirrungen war Dante. Er wurde als *Ghibellin fuggiasco*, als flüchtiger Ghibelline, verfolgt, obwohl er sich zu den weißen Guelfen, einer gemäßigten Gruppe, zählte. Für die guelfischen Fundamentalisten kam das einem Verrat gleich. Heute messen sich die Nachfahren der Guelfen und Ghibellinen nicht mehr mit kriegerischen Mitteln, sondern vermarkten ihre Vergangenheit gemeinsam mit großem touristischen Erfolg.

Und die Bayern und die Schwaben? Die trotten friedlich im Pulk der deutschen Besuchergruppen durch Florenz.

Noch ein Tipp

Vormittags auf den Markt von San Lorenzo und dann mit einem Korb voller toskanischer Delikatessen – *finocchiona* (Salami mit Fenchelsamen), Brot aus Hefeteig, über Holzfeuerglut gebacken, dazu ein Wein, den man vorher bei »Pitti Cola« an

1 Peperoni freschi, *schmecken auch gegrillt lecker!* – 2 *In den Boboligärten.* – 3 *Delikates im Zeichen des gegrillten Heiligen: Der heilige Lorenz erlitt auf dem Rost den Märtyrertod. In der nach ihm benannten Markthalle liegt der Duft von* Pollo Arrosto *in der Luft. Das Paradies für Gourmets und Gourmands hält einige Versuchungen bereit.*

2

3

1

2

der Piazza Pitti probieren kann – in die Boboligärten hinter dem Palazzo Pitti. Dort, ausgestreckt im Schatten von Zypressen, den Blick auf Florenz genießen – das wär's doch? Oder doch lieber weiter, hinauf zu San Miniato al Monte, auf die große Freitreppe? Vielleicht später, abends, wenn der Sonnenuntergang die Stadt am Arno in glühende Farben taucht. Diese Stufen, so sagt man, seien einst der Lieblingsplatz des jungen Michelangelo gewesen. Tatsächlich: Bei diesem ultimativen Blick auf »Fiorentina«, die Schöne in den gartenreichen toskanischen Hügeln, geht einem das Herz auf.

Montecatini Terme

Ein amerikanischer Reiseführer bringt es auf den Punkt: »The suburbs ain't much, but the Parco delle Terme is delightful ...« Montecatini hatte jahrelang seine drei »K's« so buchstabiert: Kommerz, Krankenkassen und dann erst Kur. Um die Jahrhundertwende sah das noch ganz anders aus. Da waren Kultur, Kunst und Kur die drei Säulen, die Montecatini auf den gleichen Rang mit Baden-Baden oder Vichy, den luxuriösen Bädern der Belle Époque, hoben. Doch Montecatini ist inzwischen wieder auf dem Wege der Besserung. Das Wasser macht's. Thermen sind angesagt. In Zeiten des Wellnessfiebers fließen auch wieder Investitionen. Die geschwungenen, floralen Linien des Liberty-Stils, wie der Jugendstil hier genannt wird, können an und in vielen öffentlichen und privaten Häusern bewundert werden. So zum Beispiel in den Kurhäusern »Tettuccio« und »Tamerici« oder im Festsaal des »Grand Hotel & La Pace«. Wahre Triumphe feiert der Jugendstil in der Viale Verdi, im Gebäude der »Locanda Maggiore« und unter den Arkaden des »Caffè Gambrinus«.

Die Söhne Arezzos

Etwa 80 Kilometer östlich von Florenz liegt Arezzo, eine Etruskergründung. Der Salon von Arezzo, die Piazza Grande, ist abschüssig, unregelmäßig und trotzdem zentraler Dreh- und Angelpunkt der Stadt. An der Oberseite des Platzes, in den Loggien von Vasari, ist seit dem 19. Jahrhundert das »Caffè Vasari« zu Hause. Wer bei einem *macchiato* im Reiseführer blättert, dem wird sogleich eine ganze Namensliste berühmter Söhne Arezzos auffallen. Angeführt wird sie von keinem Geringeren als dem Erfinder des Mäzenatentums, dem unendlich reichen Gaius Cilnius Maecenas, Jahrgang 70 v. Chr. Er wurde zum Förderer von Literaten; Vergil und Horaz profitierten von seiner Freigebigkeit.
In wesentlich asketischeren Umständen lebte dagegen Guido d'Arezzo (990 bis 1050), ein musikalischer Benediktinermönch, dem wir die Intervall-Notenschrift und die Tonleiter verdanken.
Der bedeutendste Sohn der Stadt dürfte jedoch Francesco Petrarca sein. Im Jahr 1304 in Arezzo geboren, verbrachte er nur

3

4

5

1 *Montecatini Terme ist eines der größten und berühmtesten Heilbäder Italiens.* – 2 *Im Park der Thermalanlage Tettuccio kann man wunderbar lustwandeln.* – 3 *Im »Grand Hotel La Pace« in Montecatini, einer lebendigen Reminiszenz an die Belle Époque.* – 4 und 5 *Der Jugendstil in Montecatinis Kurhäusern und Festsälen wurde von den Engländern hierhergebracht.*

seine Kindheit dort. Seine Studien führten ihn in die wichtigsten Klosterbibliotheken Europas, auch nach Köln und Aachen. Ganz weltlich huldigte er in seiner Liedersammlung, dem *Canzoniere*, einer gewissen Laura und galt deshalb im 16. Jahrhundert als Vorbild für Liebeslyrik.
Das schwarze Schaf ist ohne Zweifel Pietro Aretino. Im Jahr 1492 als Sohn eines Schusters und einer Prostituierten geboren, behauptete er doch, adlig zu sein. Bekannt wurde er wegen seiner *Kurtisanengespräche*, einer amüsanten Schrift über käufliche Liebe und Sittenverfall. Bei seinen Zeitgenossen war er einerseits wegen seiner Originalität beliebt, andererseits wegen seiner scharfen Zunge und der ihm nachgesagten erpresserischen Neigungen gefürchtet.
Sozusagen als Adoptivsohn wurde Piero della Francesca angenommen – er stammte nämlich aus Borgo San Sepolcro. Aber der absolute Höhepunkt seiner Karriere gelang ihm in Arezzos Kathedrale San Francesco. Die Darstellung »Storia della Croce« (1452 bis 1464) zeigt die Entstehungsgeschichte des Kreuzes mit stillen, würdigen Figuren vor einem leuchtend farbigen Hintergrund.
Links im Zyklus ist Arezzo dargestellt als Symbol für die Stadt Jerusalem; deutlich sind Dom, Campanile der Pfarrkirche und die mittelalterlichen Häuser zu erkennen. In den Arkaden der Loggien von Giorgio Vasari und auf dem Corso Italia drehte der Aretiner Roberto Benigni wichtige Szenen seines Films *Das Leben ist schön* (1998). Roberto Benigni kam im Jahr 1952 in dem Dorf Misericordia bei Arezzo zur Welt. Der Vater war Eisenbahner, die Verhältnisse ärmlich. In den 1970er-Jahren begann er in Rom seine Karriere als provokante, grotesk-komische Bühnenfigur. Benigni spielte in mehreren Filmen mit, führte auch Regie, aber der internationale Durchbruch kam erst im Jahr 1985 mit »Down By Law«. Als Mörder aus Versehen besetzte ihn Regisseur Jim Jarmusch neben Tom Waits und John Lurie. *Das Leben ist schön* schließlich erhielt drei der begehrten Oscars.
Außer dieser beispielhaften Prominenz hat Arezzo aber noch einiges mehr im kulturellen Angebot, angefangen vom Ritterturnier bis hin zum Rave-Festival. Am letzten Sonntag im August und am ersten Sonntag im September nämlich treten die vier Stadtviertel beim sogenannten Giostra al Saracino, einem mittelalterlichen Spektakel, gegeneinander an. Kostümierte Reiter galoppieren auf den Sarazenen Buratto zu, eine geharnischte mechanische Puppe, und versuchen, ihn mit der Lanze zu treffen. Dabei kann es natürlich durchaus auch einmal passieren, dass die Reiter durch die Wucht des Stoßes selbst aus dem Sattel gehebelt werden. Wer sich aber oben halten kann, wird als glücklicher Gewinner am Ende mit der goldenen Lanze, der »Lancia d'Oro«, geehrt.

1 *Der Palazzo delle Logge an der Piazza Grande in Arezzo mit seinen Arkaden, unter denen man herrlich* un caffè *trinken kann, wird nach seinem Architekten auch Loggia del Vasari genannt.* – 2 *Umzug auf dem Corso anlässlich des Giostra del Saracino.* – 3 *Klassizistische Inflation der Putti: Heerscharen von Terrakottaengeln in der Cappella Madonna Conforto.* – 4 *Der Hauptplatz von Arezzo, die Piazza Grande, ist etwas abschüssig, was ihm einen ganz besonderen Reiz verleiht.* – 5 *Fundgrube Arezzo: Am ersten Wochenende im Monat findet hier der größte Antiquitätenmarkt Italiens statt.*

4

5

1

2

1 *Ursprünglich und abgelegen ist noch so mancher Weiler in der Umgebung von Florenz.* – 2 *In Vinci sollte man das Geburtshaus des wohl genialsten Sohns der Stadt besuchen, in dem Zeichnungen und Repliken der Gerätschaften von Leonardo da Vinci zu sehen sind.* – 3 *Frisch verheiratete Medici-Paare durften in Poggio a Caiano ihre Flitterwochen verbringen. Giuliano da Sangallo errichtete einen Musterbau, der zum Vorbild vieler Villen und Sommersitze wurde.* – 4 *Terrakottafries am Ospedale del Ceppo in Pistoia.*

Die Rekonstruktion einer Altstadt: San Miniato und die Burg Friedrichs II. standen aus den Trümmern wieder auf. Deutsche Truppen hatten das mittelalterliche Ensemble im Zweiten Weltkrieg gesprengt.

Chianti

»Le vigne, gli oliveti, i boschi« – das ist ein durchaus rhythmisch in den Ohren klingender Satz, den man irgendwo im Chianti aufschnappen kann und dort dann auch gleich immer wieder bestätigt findet: Weinreben, Olivenbäume, Wälder im Wechsel mit alten Weilern, Kastellen und Villen – herrliche Landschaften zeugen von einem naturverbundenen Leben, das sich über die Jahrhunderte hinweg zu höchster Zivilisation aufgeschwungen hat. Das Chianti erstreckt sich zwischen Pisa im Nordwesten und Montepulciano im Südosten, das eigentliche Herz der Region aber, Chianti Classico, liegt zwischen Siena und Florenz. Durchzogen wird das Gebiet von einer rund 70 Kilometer langen Weinstraße, der Via Chiantigiana, die die beiden Städte miteinander verbindet. Entlang der Straße liegen die bekanntesten Weinorte aufgereiht wie an einer Perlenkette. Symbol der Chianti-Classico-Weine ist der Gallo Nero, der Schwarze Hahn. Über die Einhaltung der strengen Produktionsregeln wacht das Consorzio del Marchio Storico Chianti Classico.

Das berühmte Weinbaugebiet erstreckt sich zwischen Florenz und Montalcino und nimmt etwa ein Drittel der Fläche der Toskana ein.

Weinreben und Wälder

Greve in Chianti – Strada del Chianti Classico – Panzano in Chianti

»Sempre al più alto livello civile« – die Toskana als Vorbild. Das ist jetzt sogar wissenschaftlich belegt. Eine Studie der University of Leicester hat herausgefunden, dass sich die Toskana innerhalb der letzten 500 Jahre, also seit der Renaissance, ausgesprochen vernünftig entwickelt hat. Hier sei, ganz im Sinne der Humanisten und jedenfalls mehr als anderswo, der Mensch das Maß aller Dinge. Was auch bedeute, dass er zu seinem eigenen Besten maßvoll mit seinen Ressourcen umgehe, wirtschaftlich, ökologisch, sozial und kulturell. Oder einfach ausgedrückt: In der Toskana ist es schön. Auch viele Zugvögel finden hier im Chianti die ideale Alternative oder Ergänzung zur nördlichen Heimat. Die Wortschöpfungen »Chiantishire« oder »südlichste Elbvororte« hört man immer wieder. Was bedeuten diese wie von zarter Hand gezeichneten Hügel für die Wahl-Chiantigiani? Was bringt bekennende Großstädter dazu, sich in abgelegene Ruinen oder in eine einsame Zypresse zu verlieben?

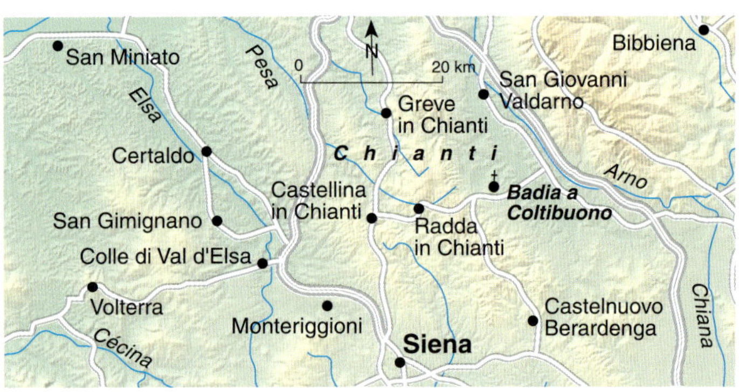

Wahlheimat

»Alles, was wir gesucht haben, haben wir hier gefunden«, sagt der Designer, Weinkenner und leidenschaftliche Koch Christian Lieber, der zusammen mit Ehefrau Kirsten Hiekmann einen *podere* (Bauernhof) bei Greve in Chianti zum Leben erweckt hat. »Wir wollten partout so ein Haus haben. Der Baustil der Natursteinhäuser in der Bergtoskana, in der klassischen Toskana, das war die stärkste Erfüllung des Ideals, das wir im Kopf hatten. U-förmig aus der Scholle gewachsen, mit Panorama und Sonne. Schon bei der Suche haben wir viel gelernt. Die Toskaner legen sich ungern fest, sie lassen gern alles schweben.« Aus der schließlich doch erstandenen Ruine wurde in dreijähriger Arbeit ein Haus, das so aussieht, als stehe es seit Jahrhunderten unverändert da. Alle Materialien sind alt – ganz konsequent: von den dicken Deckenbalken über die *mattoni*, die aufliegenden Ziegel, bis zum Mauerputz aus gebranntem Kalk. So eine originalgetreue Restaurierung ist zwar mühsam, aber schön. »Schön altmodisch, denn authentisch kriegt man es sowieso nicht hin, wenn man moderne Standards wie eine Zentralheizung einbaut.« Und die braucht es, denn das Klima in den Hügeln des Chianti Classico ist rau. Im Winter sackt das Thermometer schon einmal bis auf 15 Minusgrade herunter. Dann ist es gut, wenn der Kamin nicht die einzige Wärmequelle ist.

Für das alles hat man sich allerdings mit Geduld zu wappnen. Denn um einen typisch toskanischen Handwerker muss man sich schon ein wenig bemühen: Zuerst wird telefoniert. Natürlich mit der *moglie*, des Handwerkers Ehefrau. Der Meister selbst geht nie ans Telefon, er ruft später zurück. Viel später. Nach einigen »pronto« hin und her verabredet man sich dann für nächsten Samstag auf dem Markt. Da wird Auge in Auge der eigentliche Termin ausgemacht. Man will ja schließlich wissen, mit wem man es zu tun hat. Dann nimmt die Sache ihren Lauf. Allmählich. Jeder, der drängelt, ist unten durch. Die Akzeptanz muss erst einmal verdient werden. Wie heißt es doch: »Ein Italiener braucht zwei Generationen, um Toskaner zu werden!« Als Ausländer kann man sich bestenfalls das Prädikat »wohlgelittener Gast« verdienen.

Und so ein antikes Gemäuer macht es einem ebenfalls nicht gerade leicht. Das

1 *Das Herz von Greve: Sonntags ist Wochenmarkt, man sieht sich, man trifft sich, und hinterher geht's auf ein Gläschen in eine* enoteca. – 2 *Das Castello di Verrazzano in Greve in Chianti sollte auf keiner Weintour fehlen.*

1

2

1

2

haben auch Hiekmann und Lieber erkannt: »Das Haus hat eine sehr starke Persönlichkeit. Mit 400 Jahren ist es ja wirklich sehr alt, da muss man sich unterordnen. Es fordert einen, ein trutziges Teil. Typisch Toskaner!«
Trotzdem oder vielleicht gerade deshalb lassen sich seit den 1970er-Jahren im Chianti immer mehr Italiener und andere Ausländer nieder. Die Mailänder und Deutschen haben die größten Anwesen, die Engländer die schönsten, die Schweizer die rustikalsten, und die Holländer beschleunigen das Wachstum der Campingplätze.
Die *chiantigiani* nehmen es gelassen. Die Leute bringen ja schließlich Geld in Umlauf. Das kommt nach und nach zu den Maurern, Malern und Elektrikern, die deshalb noch Familienbetriebe unterhalten können. Man profitiert voneinander.
Auch beim Anbau von Wein. Die Wahl-Chiantigiani fungieren oft genug als Meinungsbildner und erschließen so manche neue Absatzmöglichkeit in ihren Heimatländern.

Wein und Gesang

»Ja, ja, der Chiantiwein, der lädt uns alle ein …« Die charakteristische Tarantellamelodie legt den Gedanken nahe, dass es sich hier um ein echtes italienisches Volkslied zu Ehren des berühmten Gebräus handelt, das die Region berühmt gemacht hat. Aber weit gefehlt: In Wirklichkeit stammt der berühmte Schlager aus der Feder des Berliner Komponisten Gerhard Winkler.
Das Lied schrieb er im Jahr 1940 während eines Ferienaufenthaltes in Italien, und Winkler gelang es jedenfalls in der rauen Wirklichkeit der Nachkriegsjahre, die Träume von Millionen in Melodien zu fassen: Das Chianti-Lied wurde zum Ohrwurm. Für die einfache, aber erfolgreiche Botschaft zeichnet Ralph Siegel verantwortlich: »… dann lass uns glücklich sein und uns des Lebens freun …«
Fiasco nennt man die bauchige, traditionell mit Bast umwundene Chiantiflasche. Früher warf das kritische Publikum nach einer missratenen Theateraufführung die geleerten *fiaschi* kurzerhand auf die Bühne. Und das war für die Schauspieler genau das, was wir heute unter einem Fiasko verstehen. Stilistisch ins Aus geriet die rundliche Flasche in den Achtzigerjahren des letzten Jahrhunderts, als man sich in Deutschland der reduzierten Ästhetik der Nouvelle Cuisine und der Weinbibel des Mr. Parker verschrieb. Vorbei die Gemütlichkeit verqualmter Pizzerien, wo die typischen Chiantiflaschen neben dem Pizzaofen ihre magenfreundliche Temperatur erhielten.
Vorbei die revolutionäre Stimmung der 68er, in denen zu später Stunde eine mit flackernder Kerze bekrönte Bastflasche die Köpfe erhellte. Heute ist die Herstellung zu teuer für die einfachen Weine, und

3

4

5

1 *Stolz und widerstandsfähig: ein typisch toskanisches Weingut.* – 2 *Der Chianti Classico besteht aus einer Cuvée von Sangiovese-, Canaiolo- und Cabernet-Sauvignon-Trauben.* – 3 *Der Blumenmarkt in Greve weckt gärtnerische Leidenschaften.* – 4 *Chianti verkaufte man traditionell in strohumflochtenen Flaschen (*fiasco*).* – 5 *Schweinerei mit Geschichte: Die* finocchiona*, eine mit wildem Fenchel gewürzte Salami, ist nur eine der möglichen Veredelungen, die den Keulen der Cinta Senese, einer historischen Schweinerasse, zuteil werden.*

die noblen Gewächse verkaufen sich besser in der schlanken, geraden Bordeauxflasche. Schade eigentlich.
Die »Cantina di Greve« in Chianti ist eine neue Superenoteca in den alten Lagergewölben der ehemaligen Union der Weinproduzenten von Greve in Chianti. In den kürzlich restaurierten Hallen mit ihrer modern-eleganten Innenarchitektur hat die Bencistà-Falorni-Familie ein vollautomatisches Verkostungssystem etabliert.

Die Kombination von traditionellen Weinproben und neuester Computertechnologie sorgt für detaillierte Informationen über den Wein, den man gerade genüsslich schlürft.
Mit einer Chipkarte kann man sich an den sogenannten »Isole di Degustazione«, den »Test-Inseln«, Probiergläser von über 100 Probeflaschen zapfen. Chianti, Chianti Classico, Chianti Classico Riserva, Brunello di Montalcino, Vino Nobile di Montepulciano, Morellino di Scansano – wer will, kann sich hier auch für eines der beliebten Weinseminare anmelden.

Chianti Classico

Über den traditionellen Chiantiwein, den Chianti Classico, wurde erzählt, diskutiert, spekuliert, phantasiert. Man verglich ihn mit dem Burgunder, dem Bordeaux, sogar mit kalifornischen Weinen. Dabei machte er mit seiner typisch toskanischen Art *bella figura* im weltweiten Wettbewerb. Erstmals definiert wurde er übrigens Ende des 19. Jahrhunderts. Da experimentierte Baron Bettino Ricasoli im Castello Brolio, der Familienfestung, um eine verbindliche Standardformel für den Chianti Classico zu finden. Diese Versuche führten zum klassischen Sangiovese-Canaiolo-Trebbiano-Verschnitt (roter Sangiovese und Canaiolo Nero für den Verschnitt plus die Option, weißen Trebbiano und Malvasia für einen leichteren, fruchtigeren Sommerwein hinzuzufügen). Über die Jahrhunderte wurde Rot-Weiß Usus und 1967 schließlich Gesetz.
Seit den 1980er-Jahren fühlten sich die Winzer jedoch zunehmend durch die strenge »Chianti-Formel« des *barone* eingeschränkt. Der Hintergrund: Man wollte auch endlich einmal auf internationaler Ebene beweisen, was man konnte. Dafür war aber im strengen Chianti-Classico-Reglement kein Spielraum: »Also machen wir mal einen Wein, so wie wir ihn wollen – und wenn wir ihn als Vino da Tavola verkaufen müssen«, hieß es selbst bei den renommierten Weingütern wie dem Castello Fonterutoli.

Supertuscans

So entstanden die wahrscheinlich spektakulärsten und teuersten Tafelweine der Welt, die Supertuscans, die bei internationalen Weinverkostungen unglaublich punkteten: viel Fass, fast schwarz, nach drei Jahren trinkreif. Der internationale Rotweingeschmack orientiert sich eben am Bordeaux, am Cabernet Sauvignon und an den großen Weinverkostungen der Branche. Der erste Winzer, der 1970 einen Supertuscan auf den Markt brachte, war Marchese Pietro Antinori. Der Jahrgang 1971 war der erste aus seiner berühmten Einzellage Tignanello.
Der Erfolg, insbesondere in den USA, war sensationell. Daher stammt auch der Begriff Supertuscan. Der heute legendäre Tignanello ist zum Vorbild für eine ganze Reihe weiterer Supertoskaner geworden, die mittlerweile in der gesamten Chianti-Classico-Region produziert werden. Die bekanntesten neben dem Tignanello sind Solaia, Sassicaia, Ornellaia, Masseto und Guado al Tasso. Trotz ihres hohen Preises mussten die Weine bis zur Schaffung der Qualitätsstufe IGT, der Indicazione Geografica Tipica, als einfache Vino da Tavola verkauft werden.

Zurück zum Terroir

Inzwischen gibt es schon eine Gegenbewegung. Unter dem Schlachtruf »Terroir«

1 *An der Strada del Chianti Classico.* – 2 *Bei Spritztouren über die Strada del Chianti Classico trifft man immer wieder auf Häuschen der Straßenmeisterei.*

2

1

2

wird gerade der »individuelle« Charakter einer Weinregion propagiert. Der große Klassiker, der Chianti Classico Riserva, erlebt seine Renaissance. Der Chiantiwein steht schon lange nicht mehr für gereimte Weinseligkeit, sondern für einen ernst zu nehmenden Wirtschaftszweig, es geht also durchaus ums große Geld. Deshalb war das Chiantigebiet auch ein ständiger Zankapfel zwischen Florenz und Siena.
Die Aufteilung der profitversprechenden Weinfelder ging laut Legende so vonstatten: Im Jahr 1208 trafen sich Abgeordnete beider Republiken in Fonterutoli, um ein Abkommen zu ratifizieren. Die Bedingungen für eine verbindliche Aufteilung lesen sich allerdings so, als seien sie beim Genuss etlicher Flaschen des guten Fonterutoli entstanden: Aus beiden Städten sollte mit dem ersten Hahnenschrei je ein Reiter aufbrechen. Dort, wo sie aufeinander treffen würden, sollte die Grenze gezogen werden. Die Sienesen fütterten also ihren »Wecker« erst einmal großzügig. Die Florentiner waren gewiefter: Ihr kleiner schwarzer Hahn musste hungern. Kein Wunder, dass der Vogel schon zeitig wach wurde und aus Leibeskräften schrie. Der Florentiner Reiter traf seinen Spätaufsteher aus Siena deshalb fast in Sichtweite der dortigen Stadttore.

Bleiben oder weiterziehen?

Wer heute durch das Chianti reist, macht das eher auf die bummelnde Art. Anders ist es gar nicht möglich. In diesem sanften Hügelland mit seinen gewundenen Sträßchen wechseln die Bilder so schnell, dass man ständig zwischen den Gedanken »Hier will ich bleiben!« und »Was mag wohl hinter der nächsten Wegbiegung liegen?« hin und her gerissen ist.
Hinter der nächsten Kurve liegt ein mittelalterliches Kastell inmitten von Zypressen, dessen alte, meterdicke Mauern ein nobles Hotel bergen, das »Castello di Spaltenna«. Ja, hier kann man bleiben, in diesen schlicht, aber edel eingerichteten Zimmern, mit Blick auf die von Zypressen gesäumten Hügellinien.
Nicht weit davon steht die Badia a Coltibuono, die »Abtei der guten Ernte«. Hier erntet man allerdings schon lange keine Seelen mehr; die Abtei wurde unter Napoleon säkularisiert. Stattdessen ernten die Geschwister Stucchi Prinetti internationale Anerkennung für ihre Weine und zufriedene Mienen bei den Gästen im Restaurant. Ihre Mutter Lorenza de' Medici ist übrigens Autorin erfolgreicher Kochbücher und hält in der Badia exzellente Kochkurse ab, die Toskana-Feinschmeckern zu kulinarischen Höhenflügen verhelfen.

Olio extra vergine

Eine der wichtigsten Zutaten in der Küche der Badia ist natürlich das lokale Olivenöl. Welchen Stellenwert es in der Toskana besitzt, sieht man daran, dass sogar Institutionen wie die Enoteca Italiana in Siena

3

4

5

1 *Viele Hände der Arbeit Ende, das gilt auch bei der Weinlese.* – 2 *Die meisten Landhäuser wurden aus Natursteinen errichtet.* – 3 Bellezza *in Ton: Die Terrakotta aus der Toskana hat längst seinen Weg auch in die deutschen Gärten gefunden. Auf den Märkten im Chianti bekommt man die »gebrannte Erde« in unzähligen Varianten.* – 4 *Einfach, aber schmuck: ein Hauseingang in Greve.* – 5 *Historische Chianti-Classico-Flaschen der Badia a Coltibuono.*

Symposien über den seit Jahrtausenden kultivierten Baum abhalten. Die Qualität des *olio extra vergine* ist das A und O seiner Hersteller und auch gleichzeitig die Crux. Der Markt wird, so die hiesigen Bauern, von billigen Ölen aus anderen EU-Ländern überschwemmt. Da kann und will man nicht mithalten. In der Toskana setzt man lieber auf Qualität, und das kostet. Die Bäume brauchen sorgsame Pflege, und trotzdem macht die Natur manchmal einen Strich durch die Rechnung: Mitte der 1980er-Jahre vernichteten

1

bis zu 25 Minusgrade einen Großteil der Olivenbäume. Im November werden die Oliven von Hand gepflückt; für 1 Liter Öl ist ein Pflücker eine Stunde beschäftigt! *Olio extra vergine* steht für die höchste Qualitätskategorie, der maximale Säuregehalt ist auf 1 Prozent begrenzt. Die Früchte werden kalt gepresst, um dies zu erfüllen. Auch der Standort spielt eine große Rolle. Je nach Bodenbeschaffenheit, Meeresnähe, Gebirgigkeit, Nachbarschaft von Pinien oder Kastanien können die verschiedenen Geschmacksrichtungen von bitter über herb, würzig, nussig und samtig bis hin zu süß variieren. Ambitionierte Köche verwenden ganz bestimmte Olivenöle zu frischem Rucola, gegrilltem Fisch oder zum würzigen Schafskäse der südlichen Toskana.

Natürlich ist Olivenöl gesund: Der nationalen Mittelmeerdiät – reichlich Olivenöl statt tierischer Fette – verdanken die Italiener eine viel niedrigere Herzinfarktrate als in Nordeuropa. Olivenöl senkt nämlich den LDL-Cholesterinspiegel. Diese »Heilpflanze«, *olea europea*, wird in der Toskana in diversen Sorten angebaut. Ähnlich wie beim Wein ist auch hier die Mischung ausschlaggebend.

Bistecca Fiorentina

Natürlich ist das wertvolle Öl auch unverzichtbar zur Zubereitung einer Bistecca Fiorentina, der toskanischen Spezialität schlechthin. Besonders prachtvolle Exemplare ersteht man in der Metzgerei »Antica Macelleria Cecchini« in Panzano (bei Greve in Chianti). Der begnadete Dario, leidenschaftlicher Metzger und Musikliebhaber, ist Experte auf dem Gebiet der Rinderzucht. Besonders die sanften Rinder des Chiana-Tals haben es ihm angetan. Chianina-Rinder, die größte Fleischrinderrasse der Welt, sind die einzig wahren Lieferanten für die berühmte *bistecca*. Seit November 2007 ist der Chianina-Ochse Fiorino mit einer Widerristhöhe von 2,05 Metern Weltrekordhalter. Traditionell ist eine Bistecca Fiorentina darum gut daumendick und mindestens zwei Hände groß; sie wird wie ein T-Bone-Steak aus der Wirbelsäule geschnitten.

Als das von der EU verboten und der Plan des italienischen Gesundheitsministers Umberto Veronesi publik wurde, Steaks nur noch ohne Wirbelsäulenknochen, der ja BSE-Prionen transportieren könnte, verkaufen zu lassen, gab es einen regelrechten Aufstand. Das Chianina-Rind bekommt nämlich ausschließlich Naturfutter, kein einziger BSE-Fall ist jemals aufgetreten. Dank einer Ausnahmeregelung der EU-Kommission gingen ab 2001 dann zumindest wieder T-Bone-Steaks von Rindern, die nicht älter als 12 Monate waren, über die Theke. Seit 2006 können Feinschmecker dank der Anhebung der Schlachtaltergrenze auf 24 Monate endlich wieder Steaks in »Originalgröße« genießen.

Eine Bistecca Fiorentina zu schneiden, ist für Dario Cecchini eine heilige Handlung. Verständlich, schließlich haben schon seine Vorfahren – die Metzgerei besteht seit mehr als 250 Jahren – Erfahrung im Umgang mit der Delikatesse, die dem heiligen Lorenzo zu verdanken ist. In der Notte di San Lorenzo rösten die Metzger von Panzano ein Kalb auf der Piazza, in Gedenken an den Märtyrer, der eben diesen Tod starb.

1 *Das »Toskanische Gold« macht kalt gepresst* alla vergine *seinem Namen alle Ehre.* – 2 *Baron Ricasoli herrscht über das Weingut »Castello di Brolio«.* – 3 *Mancherorts finden sich noch solche ursprünglichen Bauerngärten.*

2

3

1

2

1 *Dorfidylle im Chianti: Die Nachrichtenbörse findet auf der Piazza statt.* – 2 *Der Metzger Dario Cecchini in Panzano in Chianti beim Würzen einer* bistecca. – 3 *Radda in Chianti, inmitten des Weinbaugebiets Chianti Classico gelegen, ist ein toskanisches Dörfchen wie aus dem Bilderbuch.* – 4 *Bruschetta, mit Tomaten und Basilikum belegtes und mit Olivenöl beträufeltes Röstbrot, isst man gerne als Vorspeise.* – 5 *Nirgends schmeckt es so gut wie hier: das perfekt gegrillte T-Bone-Steak vom weißen Chianina-Rind. Während sich die Landbevölkerung von Brot, Bohnen und Gemüsesuppe ernährte, konnten sich nur die wohlhabenden Einwohner von Florenz ihre Bistecca Fiorentina leisten.*

Sanfte Hügel, Weinreben, kleine Dörfchen – das Chianti ist ein Paradies, nicht zuletzt für Wanderer und Naturfreunde.

San Gimignano, Volterra, Colline Metallifere

Kaum ein Teil der Toskana steht auf den ersten Blick stärker im Widerspruch zum Klischee der romantischen Ideallandschaften, die unser Bild dieses Landstrichs seit dem späten 18. Jahrhundert so nachhaltig geprägt haben, als das karge Hinterland zwischen Riviera degli Etruschi im Westen und Pisa im Osten. Doch gerade hier gibt es einige der imposantesten und typischsten toskanischen Städtchen und Dörfer, die sich mit dramatischen Naturwundern in den einst an Bodenschätzen wie Eisenerz, Kupfer und Silber reichen Gebirgszügen abwechseln. So führt unsere Reise hoch zur mittelalterlichen Kulisse von San Gimignano, bietet einen nächtlichen Streifzug durch verwinkelte Gassen, führt vorbei an goldenen Vernacchia-Reben, weit übers Land ins trutzige Volterra, hinab in die tiefen Höllenschlunde der Colline Metallifere und endet bei einem romantischen Abend auf der Piazza Garibaldi in Massa Marittima, das seinen Reichtum und früheren Glanz einst dem Erzbergbau verdankte – ein Plädoyer für ein Kontrastprogramm.

Sonnenaufgang über San Gimignano: die unverwechselbare Shilouette vom nahen Pieve di Cellole aus gesehen.

Vom Himmel zur Hölle

San Gimignano – Volterra – Tal des Teufels – Massa Marittima

»Kommt man von fern, so ist die Stadt plötzlich so unhörbar wie durch eine Tür in die Landschaft getreten. Sie sieht nicht so aus, als solle man ihr je näher kommen. Ist es aber gelungen, so fällt man in ihren Schoß und kann vor Grillengesumm und Kinderschreien nicht zu sich finden …« Walter Benjamin stellt in seinen »Städtebildern« (1925) San Gimignano bezeichnenderweise in einen Spannungsraum zwischen Fata Morgana und alltäglichem Mikrokosmos. Das ist eine Erfahrung, die wohl jeder macht, der sich an einem schönen Sommertag der Stadt mit den *torri belli* nähert. Das Klischee eines toskanischen turmgespickten Rothenburg ob der Tauber im Kopf, düstere Dramen zweier schwabenstämmiger Familien in diffuser Erinnerung, die Kamera mit 36 möglichen Versuchen geladen, das Einmalige festzuhalten – also insgesamt mit hochgespannten Erwartungen – betritt man das UNESCO-geschützte Mittelalter durch die Porta San Giovanni – und fällt in einen Mikrokosmos des touristischen Alltags. Empfangen wird man nicht von Grillen und Kindern, sondern von klickenden Kameras und einem babylonischen Sprachgewirr. Was tun? Selbstfindung ist angeraten.

Palazzo del Popolo

Ein guter Platz dafür ist die Loggia des Palazzo del Popolo, eine weiträumige Bogenhalle an der Ecke der Piazza Cisterna. Diese erste öffentliche Loggia der Toskana, Anfang des 14. Jahrhunderts fertiggestellt, ist seither die offene Tür des Hauses San Gimignano. Ihre zentrale Lage macht sie zum Treffpunkt für die Stadtbewohner, die dort sitzen, plaudern und das Multikulti-Treiben kommentieren – und zu einer Art Türschwelle, einer offenen, aber immerhin doch einer Grenze zwischen dem »Innen« der Einwohner und dem »Außen« der Angereisten. Ein idealer Ort, um die Entscheidung »Kunst besichtigen« contra »Leute beobachten« in der Schwebe zu lassen. Dabei war gerade der Palazzo del Popolo der Ort, an dem Entscheidungen getroffen wurden zu Zeiten, als die großen Pilgerströme über die Via Francigena nach Rom zogen. In seiner Loggia wurde Recht verkündet, und das war seit Mitte des 14. Jahrhunderts florentinisch. Geschwächt durch vorangegangene Auseinandersetzungen mit der Nachbarstadt Volterra, durch blutige Fehden der guelfischen und ghibellinischen Clans und schließlich dezimiert durch den Schwarzen Tod, begab sich das einst so stolze San Gimignano unter den Schutz des guelfischen Florenz.

Geschlechtertürme

Von den 72 Geschlechtertürmen mit bis zu 54 Metern Höhe sind heute noch 15 übrig, aber auch die vermitteln ein eindrucksvolles Bild von der schicksalhaften Konkurrenz etwa zwischen den guelfischen Ardinghelli und den ghibellinischen Salvucci. Ursprünglich waren die Geschlechtertürme in erster Linie Verteidigungsanlagen. Quadratisch im Grundriss war die Höhe des Turms Stein gewordener Ausdruck des Ansehens des zugehörigen Familienclans in der Stadt. In das nächst höhere Stockwerk, das meist nur aus einem einzelnen Raum bestand, gelangte man oft nur über Leitern, die im Belagerungsfall schnell nach oben gezogen werden konnten. Zahlreiche Türme besitzen auch Wasserspeier, über die im Angriffsfall siedendes Wasser oder Öl auf die Belagerer gegossen werden konnte. Die weithin sichtbaren Trutzburgen brachten

Der Blick über die Dächer zeigt es: Der toskanische Ziegel ist mehr als Schutz, er ist unvergleichlich filigran, lebendig und als Ensemble wunderschön.

1

1

2

San Gimignano auch den Spitznamen »Manhattan des Mittelalters« ein. Noch heute dienen sie in zahllosen Filmen als authentische mittelalterliche Kulisse. Besonders eindrucksvoll in Franco Zeffirellis Verfilmung des Lebens des heiligen Franz von Assisi mit dem deutschen Titel *Bruder Sonne, Schwester Mond* aus dem Jahr 1971, der eine ganze Generation junger Menschen nachhaltig geprägt hat und noch heute als Kultfilm gilt.

Das Jüngste Gericht

Um Leben und Tod, um Schuld und Sühne geht es auch in den großen mittelalterlichen Freskenzyklen, vor allem in denen der Collegiata Santa Maria Assunta, die der Einfachheit halber meist als *duomo* bezeichnet wird.
Themen des Alten Testaments schmücken das linke Seitenschiff der romanischen Basilika, gemalt von Bartolo di Fredi aus der Sieneser Schule. Die Bildersprache ist einfach, aber eindringlich; komplexe Zusammenhänge wie etwa die Erschaffung Evas und damit auch die Rechtfertigung einer geschlechterspezifischen Hierarchie werden comicartig dargestellt. Keine Führung unterlässt es, explizit auf dieses Fresko zu verweisen: Mit göttlicher Hilfestellung entschlüpft Adams künftiges Weib dessen Rippen. Ein schwäbischer Pfarrer nimmt das zum Anlass, seinen Schäflein die witzige Seite des Paradieses vor Augen zu führen: Sagt Eva zu Adam: »Ich werde das Gefühl nicht los, dass du eine andere hast!« Darauf Adam: »Aber Eva, du weißt doch genau, dass du die einzige Frau auf Erden bist.« Nachts erwacht Adam von Evas forschendem Finger auf seiner Brust. »Eva, Schatz, was machst du?« Eva: »Na was wohl, ich zähle deine Rippen ...«
Ein besonderer Höhepunkt ist die Darstellung des Jüngsten Gerichts von Taddeo di Bartolo. Er hatte sicherlich anschauliche Vorlagen für die drastische Darstellung in den öffentlichen Hinrichtungen und den vorausgegangenen hochnotpeinlichen Befragungen, sprich Folterungen, der damaligen Zeit.
Besonders höllisch ist ihm das grässliche Schicksal der »Unmäßigen« gelungen. Ein beleibter Mönch, erkenntlich an der Tonsur, beugt sich splitterfasernackt über einen üppig gedeckten Tisch. Neben ihm eine ebenfalls unbekleidete Dame, die auch schon bessere Tage gesehen hat. Diese sind nun endgültig vorbei, denn von hinten packen krallenbewehrte Teufel das liederliche Paar. Die letzten gierigen Blicke auf gefüllte Gläser und Karaffen sind vergeblich ...
Ein großflächiges Fresko von Benozzo Gozzoli oberhalb des Eingangs schildert akribisch das Martyrium des heiligen Sebastian: Von Pfeilen gespickt schaut der Heilige gefasst dem Tod entgegen. Im rechten Seitenschiff schildert diese Bilderbibel in einem monumentalen Zyklus das Leben Jesu, von Ghiberti Barna in der Tradition der sienesischen Malerei in Szene gesetzt.
Wie friedlich und undramatisch, aber trotzdem anrührend sind dagegen die Fresken Ghirlandaios in der Kapelle der heiligen Fina. Die kindliche Heilige, geboren im Jahr 1238, erkrankte im Alter von zehn Jahren schwer und erduldete die folgenden leidvollen Jahre auf einem von ihr selbst als Lager gewählten Brett. Der Legende nach sprossen Blumen drum herum, und die Glocken der Stadt fingen von selbst zu läuten an, als sie mit 15 Jahren starb. Jedes Frühjahr, wenn sich die ersten Blumen zeigen, feiert die Stadt ihre Schutzpatronin mit einem großen Festzug.

3

Nächtlicher Streifzug

Hochrenaissance und Barock hinterließen in San Gimignano fast keine Spuren, denn mit dem geänderten Verlauf der Frankenstraße im späten Mittelalter verarmte die Stadt, die einst auf der Höhe ihres Wohlstands Gesetze gegen übermäßigen Luxus erlassen musste. So blieb sie als fast lupenreines Juwel des Mittelalters erhalten.
Was Walter Benjamin an der Stadt so faszinierte, waren nicht ausschließlich die

1 *Blick vom Turm des Palazzo Popolo auf San Gimignano.* – 2 *Die Geschlechtertürme der Stadt verewigte der Maler Domenico Ghirlandaio 1475 in seinem »Begräbnis der heiligen Fina«, Schutzpatronin von San Gimignano.* – 3 *Basis jeglicher Predigt: Der Löwe am Fuß der Kanzel verschlingt das Böse im Dom von Volterra.*

künstlerisch-architektonischen Aspekte, sondern die minutiösen Impressionen der Alltagskultur. Wie in jeder Stadt unternahm er auch hier ausgedehnte Rundgänge, die er als Entdeckungsgänge in bislang unbekannte Welten bezeichnete. So kann man sich San Gimignano natürlich auch erschließen, allerdings entweder sehr früh morgens oder nachts, wenn die Busse mit Tagestouristen die Stadt endlich wieder verlassen haben.
»Attenzione!«: In der anbrechenden Dämmerung sind immer noch viele Touristen unterwegs, denn der Sonnenuntergang, von der Rocca aus betrachtet, wird in fast allen Reiseführern hartnäckig als Geheimtipp angepriesen.
Zumindest kommt da kein Gefühl der Einsamkeit auf. Deshalb an dieser Stelle ein Lob dem nächtlichen Facettenreichtum: Schön gegliederte Fensterreihen der Häuser, erst jetzt bemerkt, weil endlich Platz zum Zurücktreten und Schauen ist. Erleuchtete Schaufenster, auf einmal magisch. Lichtschein auf glänzenden Steinplatten. Stimmen und Schritte in verwinkelten Gassen. Musikfetzen aus offenen Fenstern »... la luna mi parla di te ...«, Alt und Jung auf der Piazza. Gelegenheit, sich dort bei einem Glas Vernaccia im eigenen Mikrokosmos zu Hause zu fühlen.

Flüssiges Gold

Der Vernaccia di San Gimignano ist Kulturgut. Spätestens seit Dante Alighieri sich unter den Feinschmeckern im Fegefeuer umsah. In der *Divina Commedia* zahlt einer von ihnen, Ex-Papst Martin, mit konsequenter Nulldiät den bitteren Preis dafür, dass er der Völlerei mit »Aalen à la Vernaccia« anheimgefallen war (Fegefeuer XXIV, Vers 19–22).
Weniger theatralisch, aber entscheidend war im Jahr 1966 die Klassifizierung dieses noblen Weißweines als erster Wein Italiens, der die Bezeichnung »Denominazione di Origine Controllata« (D.O.C.) erlangte. Am 9. Juli 1993 kam dann noch das wesentliche Wörtchen »Garantita« dazu, die Bezeichnung erweiterte sich entsprechend: D.O.C.G.
Solchermaßen klassifiziert, stand dem in allen Goldtönen schimmernden Tropfen der Aufstieg in die Spitzenliga offen. Oder wie es sich in der Computerübersetzung des Consorzio della Dominazione San Gimignano liest: »... und wer einen guten Tropfen wünscht, will nicht ein säuerliches Getränk, sondern einen reifen, weich und zart duftenden Traubensaft.« Nun, ein bisschen Alkohol darf schon dabei sein, aber Computer verstehen halt nichts von leiblichen Genüssen. Doch Vorsicht ist geboten: Die Bezeichnung Vernaccia wird in Italien für ganz unterschiedliche rote und weiße Rebsorten verwendet – nur der Zusatz *di San Gimignano* steht für das Original.
Der Vernaccia des Weinguts »Rampa di Fugnano« in der lieblichen Gartenlandschaft vor den Stadttoren San Gimignanos zeigt auf ausgezeichnete Weise (das kann

1 *Wein, Kunst und Kunsthandwerk sind in und an den alten Mauern San Gimignanos zu Hause.* – 2 *Historische Tropfen im Keller eines Weinguts.* – 3 *Die hiesigen Reben bringen so köstliche Tropfen wie den weißen Vernaccia und den roten Gisèle hervor.*
4 *Ein Weingut von vielen: Das »Rampa die Fugnano«, zwei Kilometer von San Gimignano entfernt, ist ein Naturparadies in unvergleichlicher Landschaft mit mehr als zehn Hektar Reben.* – 5 *Blick auf die Heimat des Vernaccia di San Gimignano.*

4

5

1

2

man ruhig wörtlich nehmen), zu welch köstlichen – und köstlich mundenden – Tropfen sich die auf rund 660 Hektar angebauten Reben rings um San Gimignano tatsächlich entwickeln können.

Trutziger Adlerhorst

Auf der Suche nach einer südlichen Alternative kamen vor nun schon 13 Jahren Gisela Traxler und ihr Ehemann Herbert Ehrenbold in diese wunderschöne Gegend. Für Toskana- und Weinfreunde haben die beiden mit viel Liebe einen alten *podere* inmitten eines Olivenhaines als Ferienhaus eingerichtet. Nicht nur von dort, auch vom Wasserrand des Pools aus hat man eine herrliche Aussicht über die Weinhänge hinweg bis zu den Geschlechtertürmen San Gimignanos.

Nur einige Kilometer weiter westwärts ist die Gartenlandschaft zu Ende. Die Linien werden strenger, klarer. Die hoch über dem Land Fliegende ist ein trutziger Adlerhorst über dem weiten Tal der Cécina. Unter dem etruskischen Namen Velethri gehörte sie zum Zwölf-Städte-Bund, einer föderativen Organisation mit gemeinsamer religiöser Basis. Weite Ausblicke nach allen Seiten; wer hier wohnt ist auf der Höhe. Denn nicht nur der Blick, auch die Macht Velethris reichte weit: bis an die Ufer des Arno und der Chiana. Vom 4. bis zum 1. Jahrhundert vor Christus erlebte Volterra seine wirtschaftliche und kulturelle Blütezeit. Aus dieser Zeit stammt die Bergbefestigung mit dem neun Kilometer langen Mauergürtel, der zum Teil noch existiert, und die aus mächtigen Quadern nahtlos zusammengefügte Porta dell'Arco. Dann kam die Zeit der Römer, sie bescherten Volterra um das Jahr 250 v. Chr. das Amphitheater nahe der Porta Fiorentina. Im Mittelalter erlangte schließlich das Florenz der Medici in erbitterten Kämpfen die Oberhand. Seither hat sich in dem geschlossenen Stadtbild kaum etwas verändert.

»Es ist die härteste, geheimste und verschlossenste Stadt der Toskana … ein gewisser geisterhafter Hintergrund tritt in Volterra zutage, der etruskischen Stadt, die außer ihren mittelalterlichen Palästen auch ein großes Irrenhaus und eine Strafanstalt in ihren Mauern birgt.« Guido Piovene zeigt sich in seinen Reiseberichten *Viaggio in Italia* (1957) von der strengen mittelalterlichen Atmosphäre zugleich beeindruckt und irritiert. Eher praktisch sah das ein ebenso leidenschaftlich Reisender vor ihm, D. H. Lawrence: »Vielleicht könnte sie an einem warmen Sommertage, wenn Schatten und eine Brise willkommen sind, erfreulich wirken; doch sie ist kein Vergnügen an einem kalten, windigen Aprilnachmittag …«

Also, an einem Sommertag mit den üblichen 40 Grad im Schatten ist Volterra geradezu erfrischend. Die steinernen Bauten blicken übrigens auch längst nicht mehr so finster und streng und abweisend, sondern ganz einladend und verlockend, mit ihren freigebigen Einblicken in die ver-

1 *Die Fortezza Medicea in Volterra, einst die Festung der Medici, dient heute als Gefängnis.* – 2 *Interieurtraum in Rosa: Zimmer im Palazzo Incontri Viti in Volterra.* – 3 *In den steinernen Bauten lässt sich allerhand Genüssliches entdecken, von Delikatessenläden bis zu* enoteche. – 4 *Massiv: Im Palazzo dei Priori (13. Jh.) residiert die Stadtverwaltung von Volterra.* – 5 *Frauengestalten sind in der Alabasterwerkstatt »Alab' Arte« in Volterra seit jeher der Renner.*

schiedenen Restaurants, Antiquitäten- und Delikatessenläden.
Wie in Volterra selbst wird man auch im Umland mit Unvermutetem konfrontiert. Das beginnt schon vor den Toren der Stadt, im Nordwesten. Hier ist der Tuffrücken, auf dem Volterra liegt, schutzlos der Witterung ausgesetzt. Seit Jahrtausenden haben Regen und Wind tiefe Grate, die *balze*, in den weichen Stein gewaschen

1

und gefräst. So entstand eine Landschaft, die an Satellitenfotos vom Mars erinnert. Noch immer klammert sich die Kirche San Giusto beharrlich an den Rand des Abbruchs; sicherheitshalber kann sie nur von außen betrachtet werden.

Mephisto lässt grüßen

Weiter südlich wird die Landschaft immer befremdlicher. Fast surrealistisch erscheinen die endlosen glänzenden Metallröhren, die sich wie Krakenarme durch die Landschaft winden. Das Tal Valle del Diavolo, das Tal des Teufels bei Lardarello, bricht endgültig mit dem zypressengekrönten Toskana-Klischee. Sollte man das nicht lieber links liegen lassen und sich gleich den Pinienwäldern und Stränden der etruskischen Riviera zuwenden? Nur Mut! Der Weg durch die Hölle wird belohnt. Schon ein paar Kilometer weiter südlich, im Dreieck zwischen Larderello, Terme di Petriolo und Massa Marittima, reiht sich eine Riserva Naturale an die andere. Von Le Cornate Fosine über Cornocchia und Alto Merse e Basso Merse – in den Colline Metallifere warten insgesamt zehn Parks darauf, entdeckt oder noch besser erwandert zu werden. In weitgehend unberührter Macchia, wilden Steineichenwäldern oder in den auf 1000 Meter Höhe gelegenen Kiefernwäldern der Cornate haben viele seltene oder bedrohte Tiere und Pflanzen ihre Refugien gefunden. In der Riserva Naturale Le Cornate zum Beispiel die *Viola etrusca*, eine Veilchenart, die nur hier, im »etruskischen Erzgebirge«, wächst. An der südlichen Grenze der Riserva Naturale Basso Merse dampfen die Schwefelquellen von Bagno di Petriolo. In der Nähe der großen Talbrücke führt eine kleine Straße hinunter ins Tal der Merse, an deren linkem Ufer das kochend heiße Schwefelwasser entspringt und sich direkt mit den eisigen Wassern dieses wilden Gebirgsbachs vermischt. Um einiges schöner und günstiger als im Thermenhotel oberhalb liegt man hier in Bassins, die sich jeder aus den Flusssteinen selbst bauen kann.

Piazza Garibaldi

In Massa Marittima, schon in Meeresnähe im äußersten Süden der Colline Metallifere gelegen, wartet einer der schönsten Plätze der Toskana – vielleicht sogar der schönste überhaupt – darauf, entdeckt zu werden. Auf der Piazza Garibaldi genießt man rundum viel Toskanisches: lebhafte Gespräche, einen schnellen Caffè unter schweren Arkaden, ein *gelato artigianale*, die Schönheit mittelalterlicher Patrizierpaläste und vor allem den Blick über den Platz, der sich leicht, fast fließend zum Dom San Cerbone neigt. Die große breite Freitreppe trägt ein bestaunenswertes Ensemble: die mit raffinierter Perspektive schräg in den Raum gestellte romanische Kirche, den mächtigen Campanile und den Palast des Bischofs. Wenn die flachen Strahlen der Abendsonne die Travertinfassaden des Palazzo Pretorio und des Palazzo Comunale in warmes Licht tauchen, Kinder auf der Freitreppe Fangen spielen, eine Elster mit kämpferisch gerecktem Schnabel über den Platz stolziert, bis sie von einer heranbrummenden »Biene«, dem typischen dreirädrigen Lieferwagen, aufgescheucht wird; wenn dann die Dämmerung hereinbricht und San Cerbone wie ein Scherenschnitt vor einem weiten Himmel steht – spätestens dann gibt man bedenkenlos dem Reiseführer recht, egal welchem, denn sie alle loben die Piazza Garibaldi in den höchsten Tönen: Diese ist wahrhaftig ein Ort, um glücklich zu sein!

1 *Die Cafés an der Piazza Garibaldi in Massa Marittima sind beliebte Treffpunkte.* – 2 *Magischer Platz: die Piazza Garibaldi mit dem Dom San Cerbone.* – 3 *Der Balestro del Girifalco, der Wettkampf der Armbrustschützen, ist das beliebteste jährliche Spektakel in Massa Marittima.*

2

Der prächtig ausgestattete, im Renaissancestil gehaltene Palazzo Incontri Viti in Volterra beherbergt in seinem Hof das Theater Persio Flacco aus dem 19. Jh.

1

2

Lebendiges San Gimignano: 1 *Der Dom, außen schlicht und streng im romanischen Baustil errichtet, ist in seinem Inneren über und über mit Fresken bemalt. Die Kirche ist einer der berühmtesten Schätze in der Toskana.* – 2 *Auch den Palazzo del Popolo schmücken Fresken wie dieses aus dem 13. Jh.* – 3 *Auf der Piazza della Cisterna lässt sich herrlich die Sonne genießen.* – 4 *Typisch toskanisch: schön arrangierte, farbenfroh bepflanzte Blumentöpfe in einem Innenhof.* – 5 *Die Stadt ist nicht zuletzt für die wunderschönen, handbemalten Keramikwaren bekannt, die man vor allem in den Läden auf der Via San Matteo und der Via San Giovanni findet.*

Siena und Umland

»Im Schatten sitzend, lese ich die Geschichte des Domes, die Geschichte einer Vermessenheit. Siena will den größten aller Dome. Der bisher vorhandene, lese ich, wäre gerade noch als Querschiff verwendet worden. Das neue riesenhafte Längsschiff, das dann nie vollendet worden ist, steht da mit einer Seitenwand, fünf Achsen mit Rundbögen und mit einer fertigen Stirnwand; dann kommt die Pest, die Siena für etliche Jahrzehnte lähmt, aber nicht von seinem verstiegenen Vorhaben abzubringen vermag …«
Max Frisch

Der Weg nach Montepulciano, auf einem rund 600 Meter hohen Hügel gelegen, führt über eine der für die Toskana so typischen Serpentinen.

Die Macht und ihr langer Schatten

Siena – Sant'Antimo – Montalcino – Montepulciano

Bereits im Jahr 1339, während der Blütezeit Sienas, begannen die Arbeiten zum Duomo Nuovo. Der Reichtum der Stadt erlaubte ein Bauprojekt, das alles andere in den Schatten stellen sollte. Dabei war der Duomo Vecchio, Santa Maria, sowieso schon einer der größten Italiens. Wären die gigantischen Umbaupläne des 14. Jahrhunderts ausgeführt worden, hätte sich Siena des größten Kirchengebäudes der gesamten christlichen Welt rühmen können. Doch das Schicksal machte den Sienesen einen Strich durch die Rechnung. Schon wenige Jahre später, 1348, wütete der Schwarze Tod in den Mauern der Stadt, zwei Drittel der Bevölkerung wurden dahingerafft. Die Bauarbeiten kamen zum Erliegen und wurden schließlich ganz eingestellt.

Größenwahn und Niedergang

So sah es Max Frisch im Oktober 1947: »Das Unbesonnene, das dem Größenwahn eigen ist, zeigt sich, sobald man den Plan genauer prüft; die bereits vorhandenen Mittelkuppen und das neue Hauptschiff hätte man nie vereinen können; hinzu kommt, dass die Fundamente sich zur Enkelzeit als ungenügend erweisen, die begonnenen Gewölbe beginnen sich zu spreizen: Man gibt auf. Das Ergebnis ist wunderbar!«

Den Abglanz des damaligen Reichtums sieht man der Stadt heute noch an. Seinen Ursprung hatte er in den Silberminen von Montieri: Nach erbitterten Auseinandersetzungen mit Volterra sicherte sich Siena im Jahr 1137 den Zugriff auf die Schätze der Colline Metallifere, auf die der Reichtum der Bankenstadt begründet war. Obwohl ihre Kaufleute zu den Bankiers der Päpste gehörten, stand Siena im 13. Jahrhundert in den Auseinandersetzungen Guelfen gegen Ghibellinen, Papst gegen Kaiser, auf Seiten der Kaisertreuen. Friedrich Barbarossa verlieh der Stadt daraufhin das Recht auf eigene Gerichtsbarkeit, Münzprägung und die freie Wahl von Konsuln. Siena wurde unabhängig. Und stark. Das rief natürlich den Zorn der Florentiner hervor. Die Zwistigkeiten hielten an, bis Siena am 4. September 1260 Florenz bei Montaperti vernichtend schlug. Doch der Triumph war nur von kurzer Dauer, denn schon im Jahr 1269 besiegte Florenz die Rivalin bei Monteriggioni. Die Guelfen diktierten den Frieden, der viel Positives mit sich brachte – auch die Wirtschaft erholte sich im ruhigen Fahrwasser. Von den nächsten Regierungen hatte der Consiglio dei Nove, der Rat der Neun (1287–1355), den längsten Bestand. Es folgte ein mittelalterlicher Bauboom: Duomo Nuovo, Palazzo Pubblico, Torre del Mangia, Ospedale di Santa Maria della Scala … Die Stadt wuchs, und damit wuchsen auch die Probleme, allen voran jene, die durch mangelnde Hygiene verursacht wurden. Die Pest setzte schließlich eine Zäsur; Siena erlangte nie wieder seine einstige Stärke. In den ständigen Kämpfen der verschiedenen Adelsgeschlechter untereinander, gegen die Nachbarstädte und gegen den Kaiser, verzettelte die Stadt ihre Kräfte, bis Karl V. zusammen mit Cosimo de' Medici im Jahr 1555 nach einjähriger Belagerung einen Schlussstrich unter das Kapitel »Siena und die Macht« zog.

Die älteste Bank der Welt

Wer nicht im Juli oder August, also zur Zeit des *palio*, in Siena ist, der kann sich trotzdem ein Bild davon machen. Zumindest ein historisches. Im Palazzo Salimbe-

Charakteristisch für die im 14. Jahrhundert angelegte Piazza del Campo, die wegen ihrer zauberhaften Kulisse mit dem Palazzo Pubblico auch von Nachtschwärmern gerne besucht wird, ist ihre Pflasterung aus ehemals rotem Backstein.

1

1

2

3

4

ni, dem Stammsitz des berühmten toskanischen Bankhauses Monte dei Paschi di Siena: Dort ist das Gemälde mit dem langen Titel »Il Corteo storico delle Contrade nel Campo in occasione del Palio corso per la venuta del Granduca Ferdinando III. il 18–19 August 1818« zu besichtigen. Die Darstellung des mittelalterlichen Pferderennens ist mindestens ebenso anschaulich und ausführlich wie sein Titel. Auch sonst ist der Palast aus dem 14. Jahrhundert mehr als einen Blick wert. Nach umfassender Renovierung zeigt er sich jetzt als eine gelungene Mischung aus Altem und Modernem. Schon das Entrée vermittelt ein angenehmes Raumerlebnis: Der Boden aus gebrannten Ziegeln, wie auf der Piazza del Campo im Fischgrätenmuster verlegt. Die Wände schlicht, weiß und glatt, dazu große Fensterbögen, durch die viel Licht hineinfällt. Fast maurisch präsentiert sich der *cortile interno*, der reizvolle Innenhof mit seinem schönen Blick auf die Galerie im oberen Stockwerk. Die sehenswerte Bilder- und Skulpturensammlung kann man nach Voranmeldung besichtigen.

Die Monte dei Paschi di Siena ist die älteste Bank der Welt. Ihre Eigentümer blicken auf mehr als fünf Jahrhunderte Geschichte zurück. Einst war die Bank Geldgeber von Fürsten und Kardinälen, die auf ihre große Kapitalkraft setzten. Damit diese auch gesichert war, legte der Großherzog der Toskana, Ferdinand II., fest, dass die Renditen aus den Weideplätzen in der Maremma (die sogenannten *paschi*, Weiden) als Garantie herangezogen werden sollten. Heute ist die international agierende MPS Group noch immer eines der führenden Geldinstitute in Italien, gegründet im Jahre 1472 von der Republik Siena als Konsequenz ihrer großen kaufmännischen Traditionen.

Symbol der Macht

Ein Zeichen Sieneser Selbstbewusstseins ist auch der Palazzo Pubblico. Obwohl er in einer Senke zwischen drei Hügeln am niedrigsten Punkt errichtet wurde, ist die ganze Anlage so geschickt konzipiert, dass das Augenmerk zwangsläufig auf das Rathaus geführt wird. Das Fischgrätenmuster der sienaroten Ziegel, die weißen zusammenlaufenden Pflasterstreifen – alles strebt auf den Palazzo Pubblico zu, der ernst und dunkel in der Spitze einer sonnenbeglänzten Muschel liegt.

Das heutige Wahrzeichen der Stadt wurde gleich nach der Schlacht von Montaperti, im Jahr 1260, in Angriff genommen, der Turm Torre del Mangia wurde dann in den Jahren 1325 bis 1344 hinzugefügt. Mit 102 Metern Gesamthöhe überragt er als Symbol der Städtefreiheit alle anderen Türme. Sein Name wird übrigens von dem ersten Glöckner Mangiaguadagni (Lohnfresser!) abgeleitet. In den Sälen des Museo Civico sind Original-Skulpturen ausgestellt; die besten Künstler Sienas

5

1 *Beim Palio di Siena galoppieren zweimal im Jahr gut trainierte Vollblüter um den Campo.* – 2 *Mehrere Tage lang feiert die ganze Stadt mit historischen Umzügen und Festessen.* – 3 *Jede der 17 Contrade (Stadtteile), die hier gegeneinander antreten, hat ihre speziell gestalteten Kostüme.* – 4 *Für Ross und Reiter ist die Teilnahme am Rennen sehr hart, schon häufig kam es zu tragischen Unfällen.* – 5 *Ausschnitt aus Lorenzettis »Allegorie der Guten Regierung« (1338) im Palazzo Pubblico in Siena.*

schmückten sie mit Fresken. Im großen Ratssaal, Sala di Mappamondo, benannt nach einer inzwischen verschollenen Weltkarte, findet man das Original eines der beliebtesten Postkartenmotive Sienas: Simone Martinis Fresko »Ritter Guidoriccio da Folgiano belagert das Schloss Montemassi«, das im Jahr 1328 entstanden ist. Dieser Anführer der sienesischen Truppen ist nun unversehens ins Zwielicht geraten: Bei den Restaurierungsarbeiten vor einigen Jahren entdeckte man nämlich ein älteres Fresko unterhalb des Guidoriccio. Es zeigt eine Burg auf einem Hügel und zwei Menschen im Vordergrund. Die Qualität ist herausragend, sowohl in der Ausführung als auch in den erzählerischen Details und in seinem Gesamtzusammenhang. Möglicherweise ist das nun der wahre Guidoriccio – wer aber ist dann der bisher dafür Gehaltene? Und wer war der Künstler? Die Namen Duccio, Pietro Lorenzetti, Memmo di Filippuccio, Simone Martini sind im Spiel. Warum wurde das untere Bild überhaupt übertüncht? Stimmt es, dass Guidoriccio zum Verräter wurde und deshalb von dem Rat hinter Putz und Farbe gebracht wurde? Die Untersuchungen werden kontrovers und mit nahezu kriminalistischer Akribie geführt. Auf das Ergebnis darf man immer noch gespannt sein …

Aber wie auch immer: Mit Sicherheit von Simone Martini ist im selben Raum die »Maestà«, ein Frühwerk aus dem Jahr 1315. Direkt daneben, in der Sala della Pace – während der Blütezeit war dies der öffentliche Sitzungsraum des Rates von Siena – veranschaulichen zwei Allegorien aus der Feder von Ambrogio Lorenzetti die »Auswirkung der Guten Regierung auf Stadt und Land« und wie es unter der »schlechten Regierung« zuging. Im letzteren Fall das Übliche: Willkür, Verhaftungen. Im ersten Fall sind die Aussichten besser: fröhlicher Alltag und festliches Feiern im städtischen Siena und in den Hügeln der Crete.

1

Süße Träume

Ein fröhliches Gesicht bekommt man auch bei einem Besuch der »Pasticceria Nannini«, Via Massetana Romana 42 bis 44. Da geht einem das Herz auf, und das Wasser läuft einem im Mund zusammen. Seit drei Generationen kreieren die Familie Nannini und ihre fleißigen Helfer mit Herz und Hand *panforte*, *ricciarelli* und andere typische Sieneser Köstlichkeiten. Das Panforte di Siena, ein flacher gehaltvoller Kuchen aus Mandeln, Hasel- und Walnüssen, kommt mittlerweile in ganz Italien an Weihnachten auf den Tisch, schmeckt aber hier ganz frisch zu jeder Jahreszeit. Die *ricciarelli*, zarte ovale Mandelplätzchen, sollen angeblich an die Mandelaugen der Renaissance-Madonnen erinnern. Alle sienesischen Rezepte aus Nüssen, Honig und Gewürzen stammen aus der mittelalterlichen Küche, ähnlich wie die der deutschen Lebkuchentradition. Die Gewürze kamen über die Handelsstraßen von weit her, zum Teil aus dem arabischen und asiatischen Raum. Dieses Gebäck konnte in den Wintermonaten lange aufbewahrt werden; es war nahrhaft und durch den hohen Gewürzanteil obendrein gesund. Kunstfertigkeit und Tradition, das sei das Geheimnis, sagt man in Siena, wenn man vom inzwischen

1 *Simone Martinis »Guidoriccio da Fogliano bei der Belagerung von Montemassi« aus dem Jahr 1329 ist ebenfalls im Palazzo Pubblico in Siena zu besichtigen.* – 2 Un espresso, per favore! *An der Theke der »Pasticceria Nannini«.* – 3 *Das reine süße Leben präsentieren die Auslagen der* pasticceria. – 4 *Sienas beliebte Osteria »Le Logge« in der Via del Porrione, unweit der Piazza del Campo.* – 5 *Die legendäre* pasticceria *in der Via Massetana ist immer gut besucht.*

2

3

4

5

1

2

weltweiten Ruf der Zuckerbäckerfamilie Nannini spricht.

Weit über die Grenzen Italiens hinaus ist auch die Tochter Gianna Nannini bekannt. Schon als Kind war sie eine leidenschaftliche Klavierspielerin, die im Alter von 14 Jahren die ersten eigenen Lieder komponierte. Das Studium in Lucca am Luigi-Boccherini-Konservatorium verdiente sie sich hier: »Da hat die Gianna mitgearbeitet wie alle anderen auch«, schätzt man die tatkräftige Mithilfe in der elterlichen *pasticceria*. Heute wird man sie da selten treffen, denn spätestens seit ihrem großen Hit »America« ist Sienas berühmte Tochter auf internationalen Bühnen zu Hause. Aber auch auf anderen Gebieten machte die eigenwillige Sieneserin von sich reden. Ihr Studium an der Universität von Siena schloss sie mit der Doktorwürde und der Auszeichnung »summa cum laude« ab. Da bleibt an dieser Stelle nur noch anzumerken, dass die *dolci* der Familienbäckerei ebenfalls höchstes Lob verdienen.

Harmonie in Schwarz und Weiß

Dass »Zuckerbäckerei« im übertragenen Sinn auch Missfallen ausdrücken kann, wird in Julian Greens Beschreibung vom Äußeren des alten Doms deutlich: »Im Duomo. Ich finde die mit Ornamenten überladene Fassade scheußlich und fast so ›wedding cake‹ wie der Mailänder Dom.« Durch die lange Bauzeit und die schwierigen politischen und wirtschaftlichen Umstände entstand ein Nebeneinander und Ineinanderverschmelzen von Stilen, ein vielfältiger Skulpturenschmuck und überhaupt ein Dekorationsprogramm, das nicht rein, also einheitlich ist, sondern vielmehr die zeit- und kunstgeschichtliche Entwicklung von der Spätromanik über die Gotik bis hin zu den Einflüssen der Renaissance und des Humanismus verarbeitet. Das mag erst einmal verwirrend wirken. Die Schönheit aber liegt im Detail, und da birgt der Dom Meisterwerke von Donatello, Duccio di Buoninsegna, Nicola und Giovanni Pisano, Michelangelo und Pinturicchio.

Im frühen 12. Jahrhundert fing man an, ihn zu bauen, bis zum Jahr 1382 war die Fassade fertiggestellt – die erste italienische Fassade übrigens mit einem Skulpturenzyklus im Sinne der französischen Gotik. Kein Geringerer als der aus Pisa gerufene Giovanni Pisano leitete die Dombauhütte in den Jahren 1284 bis 1297. Die Fassade präsentiert sich als überwältigendes Farbenpuzzle aus allen denkbaren Spielarten des Marmors. Innen im gewaltigen dämmrigen Kirchenraum herrscht der strenge Sieneser Farbcode: schwarz-weiße Streifen.

Hierzu wieder eine quengelige Bemerkung von Green: »... Im Inneren sind die herrlichen Pfeiler so hoch, dass sie schmal wirken, aber sie sind schwarz-weiß gestreift wie die Strümpfe, die man einst die Knaben tragen ließ.«

3

4

5

1 *Giovanni Pisano (1286–1289) entwarf die Fassade des Doms von Siena: größer, schöner, weiter. Doch zur Hybris gehört auch das Scheitern. Selten kann man dabei das Ende ambitionierter Pläne so schön sehen wie in Siena.* – 2 *Das Dominnere ziert ein Taufbecken mit Bronzen von Donatello.* – 3 *Die Domkanzel wurde von Nicola Pisano erbaut. Vier Gehilfen waren für dieses Prachtstück nötig.* – 4 *Galerie hoch über den Dächern von Siena.* – 5 *Die Farben des Marmor an der Fassade sind auch Sienas Wappenfarben.*

Nun, über Geschmack lässt sich bekanntlich streiten. Die Greens, Smiths und Browns, die heute mit Reiseführer bewaffnet im Säulenwald stehen, finden so etwas »magnificently designed«. Unterschiedliche Meinungen kursieren auch über die Anzahl der Papstbüsten, die von hoch oben auf die kleinen Menschlein unten in den Kirchenschiffen herunterschauen. Sind es nun 108, 122 oder 171 Päpste? Wahrscheinlich ist es das unangenehme Gefühl, ständig beobachtet zu werden, das einen beim Zählen aus dem Konzept bringt.

Intarsien aus Stein

Das Interessanteste im Dom aber sind die Marmorintarsienbilder auf dem Fußboden. Besucher, die mit andächtig gesenktem Kopf durch den Duomo Vecchio wandeln, sind deshalb nicht in eine kollektive Demutshaltung versunken, sondern in die Darstellung biblischer Geschichten, Allegorien und Tugenden zu ihren Füßen vertieft: Die über 50 kostbaren Marmorintarsienbilder, die die gesamte Breite der Kathedrale einnehmen, gelten als einzigartig in der ganzen Welt. Leider ist ein Großteil von ihnen zum Schutz mit Spanplatten abgedeckt; nur zu besonderen Anlässen können alle besichtigt werden.

Die ältesten Abbildungen – Marmorritzzeichnungen, die mit Teer ausgefüllt wurden – ähneln mit ihren Schwarz-Weiß-Darstellungen mittelalterlichen Holzschnitten. Die jüngeren hingegen sind mosaikartig mit verschiedenen farbigen Marmorsorten gestaltet. Ein schönes Beispiel für die Ausdruckskraft dieser Bilder ist die Geschichte der Fortuna. Im Jahr 1504 wurde diese Allegorie von Pinturicchio in Szene, zwei Jahre später von Mannuccio in Stein gesetzt. In der Komposition typisch humanistischer Prägung führt die nackte Fortuna ein Boot voller langbärtiger Gelehrter über ein stürmisches Meer zu einer Felseninsel. Auf deren höchstem Gipfel erhält Sokrates die Siegespalme aus der Hand der Weisheit, während ein anderer Gelehrter einen Korb voll Edelsteine ins Meer schüttet.

Michelangelo und Co.

Michelangelo, der viel beschäftigte Florentiner Künstler, gab auch in Siena ein Gastspiel, allerdings ein recht kurzes. Er wurde beauftragt, für den schon fertigen Piccolomini-Altar 15 Figuren zu meißeln. Aus Zeitgründen stellte er jedoch nur vier her: den heiligen Paulus, wahrscheinlich ein Selbstporträt, die heiligen Petrus und Pius und – unter Mithilfe eines Schülers – den heiligen Gregorius. Ein weiterer Höhepunkt ist der Anfang des 16. Jahrhunderts entstandene Freskenzyklus Pinturicchios in der Piccolomini-Bibliothek mit Szenen aus dem Leben von Enea Silvio Piccolomini. An der Kanzel von Nicola Pisano (1266–1268) wird zum ersten Mal das christliche Bildprogramm um einen im Sinne des Humanismus weltlichen Programmpunkt erweitert: An der Basis der Mittelsäule stellte Pisano die sieben freien Künste und die Philosophie dar: der erste Hinweis auf die dem Menschen gegebenen Möglichkeiten, sich geistig zu Gott zu erheben.

Ein Quartett berühmter Namen hat sich im Baptisterium, der Unterkirche von Santa Maria, verewigt. Das Taufbecken zeigt Reliefs aus dem Leben Johannes des Täufers, die meisterliche Leistung einer Künstler-Kooperative in den Zeiten der Frührenaissance: Jacopo della Quercia schuf die Tafel »Ein Engel verkündet Za-

1 *Eines der kunstvollen Marmorintarsienbilder im Duomo Vecchio in Siena.* – 2 *Die Dombibliothek, die Libreria Piccolomini, zieren aufwendig ausgestaltete, farbenfrohe Fresken.* – 3 *Das Museo dell'Opera Metropolitana behütet unter anderem die Originalskulpturen der Domfassade aus der Hand von Giovanni Pisano.*

2

3

1

2

charias die Geburt des Täufers«. Giovanni di Turino, der deutlich unter dem Einfluss Ghibertis stand, fertigte »Die Geburt des Täufers« und »Die Predigt des Täufers«. Sein großes Vorbild Lorenzo Ghiberti fügte »Die Taufe Christi« und »Die Gefangennahme Christi« hinzu. Donatello trug dann »Das Gelage des Herodes« bei. Die Geschichte des Domes steht einerseits für erfolgreiches »Design« in der christlichen Kommunikation vom frühen Mittelalter bis zur Renaissance und andererseits bezüglich des Projektes Duomo Nuovo für das Scheitern einer Vision. Aber in Siena hat man sich schon immer in den Fragmenten einzurichten gewusst.
Das Dommuseum, die Opera Metropolitana, ist in einem Teil der unvollendeten Anlage untergebracht. Dort im ersten Stock befindet sich die berühmte »Maestà« von Duccio di Buoninsegna. Dieses mehrtafelige Bild, entstanden zwischen 1308 und 1311, schmückte einst den Hochaltar. Die Vorderseite zeigt die Muttergottes mit Kind, umgeben von Engeln, Aposteln und Heiligen, die Rückseite verschiedene Szenen aus dem Leben Jesu. Eine lateinische Inschrift gibt einen Hinweis auf Künstler und Auftraggeber: »Muttergottes, gewähre Siena Ruhe, dem Duccio Leben, der Dich so gemalt hat.«
Siena in Ruhe – diesen Eindruck bekommt man nur durch einen distanzierten Blick auf die Stadt, am besten von ganz oben, von der Fassade des Duomo Nuovo, dem *facciatone*, die vom Dommuseum über eine enge Wendeltreppe zu ersteigen ist. Vor allem an klaren Wintermorgen erzeugt der Blick über die Dächer weit über die Türme des Stadtbildes hinweg auf die kargen ockergelben Hügel der Crete ein schwebendes Gefühl der Ruhe. Und so gesehen kann man Max Frisch zustimmen: Das Ergebnis ist wunderbar!

Brunello di Montalcino

Auch ein Bummel durch die Gassen von Montalcino südöstlich von Siena lohnt sich allemal. Gleich am Anfang kann man im historischen Ambiente der »Enoteca La Fortezza« Brunellos und Rossos verkosten. An der Piazza Popolo liegt ein lupenreines Jugendstiljuwel, das »Caffè Fiaschetteria Italiana«. Im Interieur der Jahrhundertwende gehen nicht nur Cappuccinos und Espressi über die Theke, sondern natürlich auch Brunellos, glas- und flaschenweise.
Einer der wuchtigsten Roten Italiens, der berühmte Brunello di Montalcino, gedeiht im milden Mikroklima der Hänge des Mons Ilcinus (Steineichenberg). Sein Anbaugebiet liegt ausschließlich in der Gemeinde Montalcino. Die kleine befestigte Stadt erhebt sich über den drei Tälern der Flüsse Orbia, Arbia und Ombrone.
Der tiefdunkle Lagenwein besteht zu 100 Prozent aus Sangiovese Grosso, hier Brunello genannt. Er reift mindestens vier Jahre, davon drei im Eichenfass. Nach insgesamt fünf Jahren darf er sich Riserva nennen. Tiefes Rubinrot, voller Körper,

1 *Hinter der Stadtbefestigung verbergen sich Montepulcianos noble Renaissancepaläste und manche Idylle.* – 2 Un caffè, un aperitivo … *Im legendären »Caffè Fiaschetteria Italiana« in Montalcino.* – 3 *Viel kopierte Gartenzier: eine »Venus Italica« mit römischer Haartracht.* – 4 *Frühstückszeit in einem Café in Montalcino …* – 5 *… dessen Gesicht nicht zuletzt kleine Obst- und Gemüseläden mit ihren bunten Auslagen prägen.*

delikate Vanille- und Veilchennote – dies sind die wichtigsten Merkmale eines der hochkarätigsten Weine, die in der Toskana produziert werden. Die meisten Erzeuger bringen auch einen Rosso di Montalcino in den Handel, welcher bei Weitem nicht so lange lagern muss. Diese duftige und leichtere Variante ist auch wesentlich billiger, was bei den extrem gestiegenen Preisen für einen guten Brunello ein klares Kaufargument ist. Bekannte Erzeuger sind u.a.: Biondi-Santi, Castello Banfi, Ciacci Piccolomini d'Aragona, Costanti, Fuligini oder Poggio, um nur ein paar wenige zu nennen. 2008 erschütterte das berühmte Anbaugebiet einer der größten Weinskandale in der Geschichte Italiens. Viele Winzer hatten entgegen den D.O.C.G.-Vorschriften ihren Brunello nicht ausschließlich aus Sangiovese-Trauben hergestellt, sondern mit aus Süditalien herangekarrtem Merlot und Cabernet Sauvignon verschnitten, um ihn gefälliger zu machen.

Montepulciano

Weiter geht die Reise nach Montepulciano, das hoch über dem Chiana-Tal auf einem Steilhang liegt, von wehrhaften Mauern umgeben. Man betritt die Stadt durch die Porta al Prato und gelangt bald zu einem kleinen Platz, den eine Säule schmückt, die den Marzocco trägt, den florentinischen Löwen. Auf dem Weg zur Piazza Grande passiert man die verschiedensten Varianten zwischen Früh- und Spätrenaissance bis zum Barock: den Palazzo Avignonesi, einen Prachtbau im Stil der Spätrenaissance. Dann die Chiesa Sant'Agosto, deren schlichte elegante Fassade zumindest im unteren Teil ein Werk von Michelozzo Michelozzi (1396–1472), einem Zeitgenossen Brunelleschis und Donatellos, und somit ein Beispiel für die Frührenaissance ist.

Gegenüber steht der frühbarocke Glockenturm mit dem neapolitanischen Bauern Pulcinella, eine der Lustspielfiguren aus der *Commedia dell'Arte*. Auf der Piazza Grande schließlich die Palazzi Tarugi und Contucci, Beispiele der Spätrenaissance und – schon im Übergang zum Barock – die Kathedrale mit ihrer unvollendeten Fassade aus rohen Backsteinen. Auch der Campanile blieb unvollendet. Dennoch wirkt der ganze Platz ruhig und harmonisch. Der Zentralbau von San Biagio liegt unterhalb der Stadtmauer wie ein von Zypressen umgebener Solitär. Die Kirche, im Grundriss eines griechischen Kreuzes und von einer weithin sichtbaren Kuppel überkrönt, ist das Werk von Antonios da Sangallo dem Älteren.

Für das leibliche Wohl, zumindest für das in flüssiger Form, sorgt der Vino Nobile di Montepulciano. Ähnlich wie der Chianti Classico oder Brunello di Montalcino ist er wegen seines hohen Anteils (60–80 Prozent) an Sangiovese, hier Prugnolo Gentile genannt, ein sehr typischer toskanischer Wein. Der Vino Nobile muss mindestens zwei Jahre ins Fass, ein Vino Nobile Riserva reift drei Jahre.

1 *An der Piazza Grande in Montepulciano thront der trutzige Palazzo Communale.* – 2 *Dolce Vita wird auch in Montepulciano großgeschrieben.* – 3 *Zypressenallee zur Wallfahrtskirche San Biagio, unterhalb von Montepulciano gelegen.* – 4 *Montalcino bezaubert mit seiner einmaligen Lage und einer atemberaubenden Aussicht.* – 5 *San Biagio, einer der seltenen und perfekten Zentralbauten, ist ein Architekturideal der Renaissance.*

4

5

IL CAMPO
BAR ENOTECA
BAR

Der historische Platz vor dem Palazzo Pubblico in Siena fällt leicht ab und inszeniert das Rathaus, den Stolz der Stadt, auf einer fantastischen Bühne. Während der beiden Palios im Sommer füllt sich der Platz mit Menschenmassen bis auf den letzten Meter.

Seite 122/123

1 *Landschaft bei Castelnuovo dell' Abate.* – 2 *Charles Dickens nannte die Crete im Jahr 1845 »so kahl und unwirtlich wie die Moore in Schottland«.* – 3 *Das romanische Kirchlein Sant'Antimo liegt inmitten idyllischer Hügel gegenüber dem gleichnamigen Weiler. Die schlichte Fassade spiegelt das karge Innere der Kirche, das vom toskanischen Licht verzaubert wird, wieder.* – 4 *Durch und durch romanisch: das Innere von Sant'Antimo.*

1

2

3

4

Monte Amiata, Etruskerland und Küste

Das Monte-Amiata-Massiv, von vulkanischer Kraft emporgehoben, beherrscht weithin sichtbar das Land. Rund 50 Kilometer südöstlich von Grosseto und Siena ist es mit 1738 Metern die höchste Erhebung der südlichen Toskana. In den großen Wäldern an seinen Flanken gibt es etliche Natur- und Kunstschätze: mittelalterliche Thermalanlagen, Burgen der Aldobrandeschi, die Langobardenabtei San Salvatore, Etruskische Veilchen, Königsadler und Apenninwölfe. Folgt man dem Lauf der Bergflüsse hinunter nach Sovana, Roselle und zu den Stränden der Maremma, begegnet man überall Zeugnissen der Etrusker, die die Region schon Jahrhunderte vor den Römern besiedelt hatten. Einst eine der ärmsten Gegenden Italiens, durchzogen von malariaverseuchten Sümpfen, wurde der Küstenstreifen ab dem 19. Jahrhundert trockengelegt und wird heute intensiv landwirtschaftlich genutzt. Auch mit dem Anbau von hochkarätigen Weinen wurde in den letzten Jahren begonnen, z. B. in der »Tenuta la Badiola« oder im grandiosen Ökoweingut »Petra« der Familie Moretti.

Im mittelalterlichen Sorano kann man zwischen Häuserschluchten lustwandeln – hier atmet jeder Stein Geschichte.

Ein rätselhaftes Volk

Bagno Vignoni – Monte Amiata – Parco Faunistico – Sovana

Und es gibt sie doch, die unbekannte Toskana! In der dünn besiedelten Gegend, die ein bisschen an die Alpensüdseite erinnert, wachsen in dichten Wäldern Buchen und Kastanien bis in die Gipfelregionen. Das Land um den Monte Amiata ist geradezu ideal für Trekkingtouren, Mountainbikerouten und Ausritte – es gibt ein dichtes Wegenetz. Hauptsächlich Römer nutzen die kleinen Bergnester als Stützpunkte für die Sommerfrische. Im Winter ist der Monte Amiata ein beliebtes Skigebiet für die Hauptstädter aus dem nahen Latium. Die Bergdörfer mit ihren engen, verwinkelten Gässchen profitierten einst von den reichen Mineralvorkommen, die vom Mittelalter bis in die 1970er-Jahre hinein ausgebeutet wurden. Als das im Laufe der Zeit nicht mehr wirtschaftlich war, wanderte die Bevölkerung ab.

Der Südwesten ist deutlich lieblicher. Richtung Küste, im warmen salzigen Wind, gedeihen Oliven und Weinreben in den Flusstälern von Albegna und Fiora, die eilig dem toskanischen Archipel zustreben. Im Ganzen eine abwechslungsreiche Landschaft zwischen Berg und Meer, »die den Kopf in den Wolken und die Füße im Wasser hat«, wie die Einheimischen sagen.

Quellen für den Kaiser

An den Nordhängen des Gebirgsmassivs treten die Wasser auch als Thermalquellen zutage, wie zwischen Sant'Antimo und San Quirico d'Orcia. Dort liegt das verträumte Bagno Vignoni abseits der Touristenrouten. Das war allerdings nicht immer so: Im Mittelalter profitierte der Ort von seiner verkehrsgünstigen Lage an der Via Francigena, die den Norden mit Rom, der Ewigen Stadt, verband. Schließlich wurde er so bedeutend, dass der Kaiser den Besitz regelte: Am 5. Januar 1170 übergab Kaiser Friedrich II. im fernen Frankfurt am Main die Quellen von Bagno Vignoni und das benachbarte Kastell als Lehen an Kardinal Unifredo.

Statt der üblichen Piazza bildet ein antikes Thermalbecken das Zentrum des Ortes, etwa 80 mal 60 Meter groß, früher übrigens sittsam nach Männlein und Weiblein unterteilt. An einen prominenten Badegast erinnert die Kapelle der Santa Caterina (1347–1380), denn auch die heilige Sieneserin kurte in den heißen Wassern. Als die antike Fernstraße ihre Bedeutung verlor, geriet der kleine Thermalort in Vergessenheit. Glücklicherweise, möchte man sagen, denn so hat sich Bagno Vignoni seine Einmaligkeit bewahrt. Die dampfenden Quellen in dem alten Steinbecken dienten dem russischen Filmemacher Andrej Tarkowskij im Jahr 1983 als mystisch-mysteriöse Kulisse in *Nostalgia*. Ein Kult-Film, in dem Tarkowskij die Lieblingsmotive seiner

1 *Das »Toskanische Erzgebirge«, die Colline Metallifere, lädt mit wild romantischer Landschaft und einzigartigen Lichtstimmungen zum Träumen ein.* – 2 *Bei San Quirico d'Orcia wartet Bagno Vignoni mit antiken Thermenanlagen auf.*

1

2

1

2

Bildersprache in langen eindringlichen Einstellungen zeigt: Wasser fließend, tropfend, dampfend – überblendet in Traumbilder.

Wenn man spätabends aus der »Antica Osteria del Leone« heraustritt, an dem dunklen Becken vorbeigeht, in feuchtwarmen Nebelschwaden, die unversehens aufreißen und den Blick auf altehrwürdige Badehäuser freigeben, auf die ehemalige Poststation und die erleuchteten Fenster des Piccolomini-Palastes, dann fühlt man sich selbst als Statist in einer vergangenen fremden Zeit. Ein Teil des Quellwassers wird aus dem historischen Becken abgeleitet und gurgelt in schmalen Rinnen durch die Gassen. Ein solcher *gorello* stürzt als Kaskade neben dem modernen Hotel »Posta Marcucci« den Felshang herunter. Wer auf Komfort verzichten kann, der genießt dort in einem kleinen Becken das heiße Nass kostenlos.

Von Raubrittern und gefräßigen Äbten

Die Überquerung des Monte Amiata war früher ein Unterfangen, das nicht nur Mut, sondern auch eine gute Portion Glück verlangte. Denn in der trutzigen Rocca di Radicofani hatte im 13. Jahrhundert der Raubritter Ghino di Tacco sein Hauptquartier. Nachdem dieser durch Intrigen aus Siena vertrieben und mit dem päpstlichen Bannstrahl belegt war, betrachtete er die reichen Pilger, Händler und Reisenden auf der nahen Via Francigena als günstige Einkommensquelle. Da er sich auf eine wohlhabende Zielgruppe verlegte, geriet er der darbenden Landbevölkerung schnell zum Volkshelden. Boccaccio setzte ihm ein literarisches Denkmal: Am zehnten Tag des *Decamerone* amüsiert sich die Gesellschaft darüber, wie der fette Abt von Cluny, der sich auf dem Weg zu den Heilbädern befindet, von Ghino di Tacco ergriffen wird. Bei seinem Zwangsaufenthalt wird er mit einer Diät aus geröstetem Brot und Vino Santo von einem Magenübel geheilt und schließlich freigelassen – ein Kalkül des wilden Ghino, das aufgeht. Zurück in Rom erbittet der Abt vom Papst Gnade für den Raubritter: »Ich habe näher als die Bäder einen tüchtigen Arzt gefunden, der mich aufs Beste geheilt hat.«

Aufstieg und Fall der Aldobrandeschi

Das berühmteste Adelsgeschlecht der Region kam im Zug der langobardischen Invasion in die Toskana. Die Langobarden sind ein germanischer Stamm, der um die Zeitenwende an der unteren Elbe siedelte. Nach einem Umweg über Ungarn drangen sie verstärkt über die Donau vor und wandten sich schließlich im 6. Jahrhundert nach Italien. Sie errichteten das Langobardenreich (Lombardei) mit der Hauptstadt Pavia. In den Jahren 773/74 eroberte Karl der Große das Gebiet, das nun mit dem

1 *Adlerhorst: Weit über Castiglione d'Orcia hinaus reichte die Macht der Aldobrandeschi.* – 2 *Stille Tage im Valle d'Orcia. Das ursprüngliche Tal trägt nach wie vor seinen etruskischen Namen:* orcia *bedeutet »Bach«.* – 3 *Trotz vieler Fundstücke bleibt das rätselhafte Volk der Etrusker eine Herausforderung für die Wissenschaft.* – 4 *Die Rocca Aldobrandesca eröffnet einen atemberaubenden Blick auf die Umgebung von Castiglione d'Orcia …* – 5 *… und erinnert an die langobardischen Aldobrandeschi.*

fränkischen Reich vereinigt und 951 durch Otto I. mit dem Heiligen Römischen Reich verbunden wurde.
Ein Dokument vom 9. Oktober 862 erwähnt erstmals den Langobarden Ildebrando, zunächst Herr über Lucca, der dieses in einem raffinierten Tauschgeschäft gegen eine eigene Grafschaft in der Maremma einhandelte. Das war der Beginn einer langen Herrschaft. Angeblich hatten die Nachfahren Ildebrandos, die Aldobrandeschi, für jeden Tag im Jahr ein Schloss zur Verfügung. Sovana war der Hauptsitz, nachdem Roselle wegen der Pirateneinfälle aufgegeben werden musste. Auch der Mönch Ildebrando aus Sovana, der spätere Papst Gregor VII., stammte aus dem Geschlecht.
Im ausgehenden Mittelalter erlosch dann aber der Stern der Familie Aldobrandeschi. Die letzte Erbin dieses mächtigen Hauses war Margherita, die Ehefrau des Guido von Montfort. Mit dem Tod Margheritas im Jahr 1312 endete die Herrschaft der Aldobrandeschi, und der Besitz ging an die Orsini über. An den Hängen des Monte Amiata thronen noch heute etliche wehrhafte Burgen, die »Horste« der Aldobrandeschi. Ein Familienname, der nun immer wieder auftaucht. Zuerst begegnet man ihm im befestigten Castiglione d'Orcia, dem Tor zum Monte Amiata.
Auf einem Felssporn hockt die malerische Ruine der Rocca Aldobrandesca, die das Land weithin überblickt. Ebenso malerisch, aber noch sehr lebendig ist die Piazza Vecchietta, der Mittelpunkt des dörflichen Lebens. Der schön proportionierte, leicht abfallende Platz aus Natursteinen wird unterbrochen von Streifen aus gebrannten Ziegeln, die auf einen kelchförmigen Travertinbrunnen (1618) zulaufen. Vor dieser Kulisse begeht Castiglione d'Orcia jedes Jahr den Karfreitag mit einer traditionellen Prozession. Die fast 300 Jahre alten Holzfiguren von Jesus Christus und Maria werden nachts im Schein von Fackeln und Feuern durch die steilen Gassen getragen.

1

Eat Art – löffelweise

Der schönste Weg, den Monte Amiata als Berg der Aldobrandeschi kennenzulernen, ist, ihn im kurvenreichen Zickzack zu umrunden. Also weiter, zunächst ein Abstecher zur modernen Kunst ins abgelegene Seggiano: Der Schweizer Daniel Spoerri, eine der vielseitigsten europäischen Künstlerpersönlichkeiten, vor allem bekannt durch seine Eat-Art-Aktionen in den Siebzigerjahren, richtete sich dort Ende der Achtzigerjahre seinen eigenen Skulpturengarten ein. Interessierte können den Park mit Werken Spoerris und denen seiner Künstlerfreunde nach Voranmeldung besichtigen. Zum Giardino gehört ein kleines Restaurant, das unter dem Motto »Non solo EAT ART« unprätentiöse, aber gute Kleinigkeiten anbietet.

Acqua cotta

Dazu gehört auch die Acqua cotta. Wer sie möglichst originalgetreu machen will, muss sich nur vorstellen, dass das »kochende Wasser« ein typisches Essen der Bauern war: eine Familie, die auf dem Lande wohnte, in einem Haus am Rand der Macchia, mit Feldern und einem Garten, und die sich ein paar Hühner hielt, zwei Ziegen und ein Schwein. In der Speisekammer waren Salz, Olivenöl, Brot, Gemüse, Eier, Pecorinokäse, konserviertes Schweinefleisch und manchmal auch Wild aus dem nahen Wald. Daraus und aus Wasser wird Acqua cotta gemacht: am besten in einer gusseisernen Kasserolle oder einer beschichteten Pfanne.
Und so wird Acqua cotta zubereitet: Alle Gartengewürze, vor allem Knoblauch, Zwiebeln, kleine Paprikas oder Peperoni,

1 *Castiglione d'Orcia, Teil der UNESCO-Welterbestätte Val d'Orcia, besticht nicht zuletzt mit seinem äußerst pittoresken Stadtbild.* – 2 *Echte und unechte Besucher des labyrinthischen Mauerwegs in Spoerris Garten der Kunst.* – 3 *Niki de Saint Phalle und Jean Tinguely schufen inmitten von Olivenbäumen und Korkeichen den zauberhaften Skulpturenpark »Giardino dei Tarocchi«.*

2

3

1

2

werden in Olivenöl angebraten, bis sie glasig werden. Dann gibt man einige Steinpilze dazu. Mit Basilikum würzen und etwas klein geschnittenen *pancetta*, einen herzhaften Rollspeck vom Schwein, dazugeben. Dann braucht man einen großen Topf, denn jetzt kommt alles zusammen: Pilze, Gewürze, Speck und klein geschnittenes Gartengemüse, je nach Saison. Nur Tomaten sollten nicht fehlen. Wasser dazu, Salz und alles 10–15 Minuten köcheln lassen. In der Zwischenzeit in tiefe Suppentassen Brotscheiben ohne Kruste einlegen, ein Ei darüberschlagen und Pecorinokäse darauf reiben. Die kochende Suppe darübergeben, sodass das Ei stockt und der Käse schmilzt. Jetzt nur noch pikant abschmecken. Dazu passt ein kräftiger, roter Morellino di Scansano.

Arcidosso, Castel del Piano und Santa Fiora

Nach dieser stärkenden Mahlzeit geht es weiter nach Arcidosso, einem kleinen Dorf auf der Westseite des Massivs. Das selbst im Verfall noch imponierende Castello Aldobrandesco wurde schon im Jahre 860 als Eigentum der Abbazia San Salvatore erwähnt.

Der nächste Ort, Castel del Piano, erhielt seinen Namen von der Hochebene, auf der sich die Befestigungsanlage befindet. Papst Pio II. würdigte *castrum plani* in seinen *Commentarii* als hübschestes Dorf des Monte Amiata. Wegen seines Uhrturms und der geschlossenen historischen Altstadt könnte man das auch heute unterschreiben.

Die nächste größere Stadt ist Santa Fiora und – wie sollte es anders sein – ebenfalls ein ehemaliger Sitz der Familie Aldobrandeschi: natürlich Mittelalter pur. Das Zentrum, die Piazza Garibaldi, befindet sich an der Stelle des ehemaligen Burghofs der Aldobrandeschi. Unterhalb des Ortes entspringt der Fluss Fiora, der einen romantischen Fischteich aus dem 18. Jahrhundert speist, die *pescheria*. Ein paar Kilometer weiter liegt Piancastagnaio inmitten von – wie der Name schon sagt – Kastanienwäldern. Die stark befestigte Rocca Aldobrandesca aus dem 13. Jahrhundert ist schon von Weitem sichtbar.

Die Abtei der Erlösers

Ein besonders eindrucksvolles Beispiel für eine langobardische Gründung ist die Abbazia di San Salvatore, die Abtei des Erlösers. Der Legende nach jagte der Langobardenkönig Rachis im Jahr 743 in den Wäldern des Monte Amiata. Anscheinend hatte er Grund, sich um sein Seelenheil zu sorgen, denn um es zu retten, suchte er nach einem geeigneten Platz für eine Klostergründung. Seine Jagdbegleiter berichteten ihm von einer Lichtvision, die ein paar Schafhirten erschreckt hätte. Als Rachis sich diesem Ort näherte, erblickte auch er diese Vision. Die Klosterstiftung wurde jedoch erst von seinem Nachfolger vollendet. In der Kapelle rechts vom Presbyterium sind Jagd und Vision des Rachis verewigt. Das abgelegene Kloster entwickelte sich zu einer der mächtigsten Abteien der Toskana. Sein Landbesitz reichte bis ans Tyrrhenische Meer, und es hatte die Gerichtsbarkeit der Via Francigena unter sich. Im Jahr 1036 wurde die mehrfach umgebaute und nicht immer glücklich restaurierte Kirche geweiht.

3

Die Gebäude des langobardischen Klosters haben die Zeit nicht überdauert. Nur die Krypta der Abteikirche datiert möglicherweise aus der Gründungszeit, vielleicht aber auch erst aus der romanischen Bauperiode. Ein Wald von monolithischen Säulen, insgesamt 36 an der Zahl, unterteilt die Krypta in 13 Schiffe. Allein wegen der ausdrucksstark gearbeiteten Kapitelle

1 *Die Umgebung von Castiglione d'Orcia lädt zum Wandern und Radfahren ein.* – 2 *Rund um das Monte-Amiata-Massiv weiden Chianina-Rinder, deren Fleisch etwa für die berühmte* Bistecca Fiorentina *verwendet wird.* – 3 *In luftigen Höhen: das Bergdorf Arcidosso, 680 Meter hoch auf dem ehemaligen Vulkan Monte Amiata gelegen.*

lohnt sich ein Abstecher hierher: Grafische, pflanzliche und christliche Motive, Ornamente, Flechtmuster, Monster, Tierköpfe, groteske menschliche Figuren – und das alles in flackerndem Kerzenlicht. Davon lassen sich nicht nur Kunsthistoriker beeindrucken.

Die Abtei des heiligen Erlösers verlieh auch dem Ort Abbadia San Salvatore seinen Namen. Die gotischen Häuser und Renaissancepaläste im Centro Storico wirken für eine toskanische Stadt überraschend düster. Das liegt an dem schwarzen Trachyt, dem basaltähnlichen Vulkangestein des Monte Amiata, aus dem sie errichtet wurden. Um Weihnachten wird es allerdings gemütlich in dem Städtchen: Am Heiligabend brennen große Feuer, *le fiaccole*, auf den Straßen und Plätzen, ein tausendjähriger Brauch aus der Zeit, als es hier nur das Kloster gab. Die Bewohner der umliegenden Dörfer kommen zusammen, man wärmt sich und feiert mit Prozessionen, Weihnachtsliedern und mit Buden, in denen weihnachtliche Leckereien verkauft werden.

Natur pur

Der Parco Faunistico del Monte Amiata ist eine Neuheit unter den italienischen Naturparks. Er basiert auf einem deutschen Wildlife-Park-Modell. Im Park gibt es ein weitläufiges Wegenetz, das jedoch nicht verlassen werden darf. Wanderer, die die grüne Seite der Toskana entdecken wollen, folgen den Trails durch dichten Mischwald, in dem seltene Pflanzenarten wie zum Beispiel das Etruskische Veilchen im Verborgenen blühen. Von hölzernen Beobachtungskanzeln aus können Wildtiere in ihrem natürlichen Lebensraum beobachtet werden. Im gesamten Apennin gibt es wenig andere Gelegenheiten, Hirsche, Rehe, Wildschafe und Wildschweine, ja manchmal sogar den scheuen Apenninwolf zu Gesicht zu bekommen. Jede Jahreszeit hat ihren Reiz: Im Spätsommer die Hirschbrunft, wenn die rivalisierenden Männchen um die Wette röhren. An stillen Wintertagen können die Wildtiere dafür in aller Ruhe beobachtet werden. Im Februar beginnt die Brunftzeit der Wölfe. Der späte Bergfrühling ist eine wahre Explosion von Farben. Die Comunità Montana del Monte Amiata in Grosseto führt den Parco Faunistico und ist außerdem an diversen Projekten beteiligt, wie etwa an dem »San-Franziskus-Projekt«, das sich für den Erhalt der Apenninwolfpopulation engagiert und an weiteren Projekten, die den Amiata-Esel und das Maremma-Pferd betreffen. Auch gibt es zwei Zuchtstationen des *capovaccaio*, des kleinsten Geiers, der in Italien vorkommt. Dieses WWF-Projekt hat es sich zum Ziel gesetzt, den seltenen Greifvogel wieder am toskanischen Himmel fliegen zu sehen.

Im Land der Etrusker

Die Maremma, die sich westlich an den Monte Amiata anschließt, besteht aus zwei Teilen: aus der vulkanischen Berg-

1 *Die Pinienalleen in der Maremma spenden wohltuenden Schatten in der Mittagshitze.* – 2 *Rund und geräumig: etruskische Gräber bei Populonia.* – 3 *Archäologische Fundstätten der Etrusker gibt es zuhauf in der Maremma.* – 4 *Imposanter Aussichtspunkt im Parco della Maremma.* – 5 *Die berühmten Maremma-Rinder sind fast blütenweiß, mit langen Hörnern – und meistens in Begleitung eines Italo-Cowboys.*

4

5

1

2

und Hügelregion, der Alta Maremma, und dem Flachland entlang der tyrrhenischen Küste, der Bassa Maremma. Diese Region war bis in die 1950er-Jahre von Malaria bedroht. Gerade in dieser provinziellen Abgeschiedenheit haben sich in einer langen Übergangszeit römische und etruskische Bevölkerungsteile miteinander vermischt und nebeneinander existiert. Es galten schon längst römische Gesetze, da gab es noch etruskische Traditionen.

Bei den meisten antiken Resten außerhalb der Städte handelt es sich um etruskische Gräber, für die der weiche Tuffstein ausgehöhlt wurde. Die größeren sind als Tempel oder Tumulus angelegt. Die kleinen Leute wurden in einfachen rechteckigen Löchern in den Felswänden bestattet. Zum Teil werden sie heute noch als Unterstände, Speicher und Ställe benutzt.

Unterhalb von Sovana, in den steilen Einschnitten der Wildbäche Folonia und Colesino, sind viele Columbarien zu sehen – rechteckige, in den Tuff gehauene Höhlen und Nischen, die an Taubenhäuser erinnern. Zur Römerzeit war Sovana das Zentrum der Gegend, später dann der Sitz der Aldobrandeschi.

Heute ist es ein winziges Dorf. Bei Grabungen im Ort kommen ständig Puzzleteile der großen Vergangenheit ans Licht: römische Spolien, Teile von Säulen, Reliefs aus Marmor. Die schmücken jetzt die Mauern der Palazzi. In der romanischen Kirche an der Piazza, Santa Maria, steht das älteste Ziborium der Toskana, ein Altar mit einem reich verzierten Marmorbaldachin aus dem 8. Jahrhundert, der von vier Säulen getragen wird. Der Dom SS. Pietro e Paolo am Ende des Dorfes datiert aus dem 12. und 13. Jahrhundert. Sehenswert ist der Ornamentschmuck des Seitenportals im sogenannten langobardischen Stil.

Ein Grab für die Ewigkeit

Der Hauptanziehungspunkt von Sovana ist allerdings die unterhalb im Tal liegende Tomba Ildebranda, eine etruskische Grabanlage in Tempelform, die nach dem berühmten Sohn der Stadt, dem Mönch Hildebrand und späteren Papst Gregor VII., benannt wurde. Das Mausoleum des unbekannten Etruskers aus dem Übergang zwischen dem 3. und 2. Jahrhundert vor Christus ist zwar nur noch als Bruchteil seiner einstigen Größe und Ausschmückung vorhanden, gibt aber dennoch eine Vorstellung davon, wie prächtig die Anlage konzipiert war.

Links und rechts gelangt man über breite Stufen auf ein Podium, auf dem sich die Reste des von Säulen umgebenen Tempelgrabes erheben. Die gesamte Anlage mitsamt ihren kunstvollen Säulen, Kapitellen und einem Fries an der Stirnseite haben Menschenhände vor mehr als 2000 Jahren aus dem rohen Felsen herausgehauen und -geschnitten. Sie wurde in den 1920er-Jahren wiederentdeckt.

In der Nähe liegen noch weitere Etruskergräber, darunter die Tomba della Sirena,

1 *Das einzige erhaltene Exemplar eines etruskischen Tempelgrabs wurde erst in den 1920er-Jahren wiederentdeckt und zu Ehren von Ildebrando aus Sovana »Tomba Ildebranda« genannt.* – 2 und 3 *Die Nachfolger des Ildebrando, die Aldobrandeschi, haben überall in der Toskana ihre Spuren hinterlassen.* – 4 *Sovana muss bereits seit der Jungsteinzeit ständig bewohnt gewesen sein.* – 5 *Die Kirche Santa Maria an der Piazza del Pretorio birgt einen ganz besonderen Schatz: ein Ziborium aus vorromanischer Zeit.*

ein Ädikulagrab, das allerdings durch Wurzelwerk stark in Mitleidenschaft gezogen worden ist. Das Relief einer Sirene über dem Eingang ist nur noch schemenhaft zu erkennen. In der Nähe des Baches führt ein Wegweiser zum Eingang in den *cavone*. Diese tief in den Tuff eingeschnittene Etruskerstraße verläuft als dunkler Hohlweg in den Wald hinein. In der ganzen Region gibt es etliche *cavoni* mit bis zu 20 Meter hohen Mauern. Manche sind völlig überwuchert, andere bis heute begehbar. Nur die Schäfer benutzen sie heutzutage noch, ansonsten trifft man dort mehr deutsche Mountainbiker als toskanische Hirten.

Wieder oben in Sovana angelangt, kommt man in dem gemütlichen Gewölbe der »Taverna Etrusca« mit anderen Etruskerfans schnell ins Gespräch. Das Holzfeuer prasselt im großen Kamin, hausgemachte Nudeln, *pasta fatta in casa a mano* oder *zuppa della cucina maremmana*, Suppe nach Art der Maremma, sind einfache, aber köstliche regionale Spezialitäten.

Spuren der Vergangenheit

Aber wie lebte man eigentlich damals in Etrurien? Bis heute ist die Herkunft des geheimnisvollen Volkes nicht wirklich geklärt, sein Leben ist nicht vollständig erforscht und seine Sprache nach wie vor nicht übersetzbar.
Dass die Etrusker eine so starke Anziehung ausüben, liegt wahrscheinlich daran, dass sie trotz aller Bemühungen der Forschung immer noch und immer wieder neue Rätsel aufgeben. Nur in den Nekropolen haben Töpferwaren, Waffen, Schmuckstücke und eingravierte Namen auf Urnen als Zeitzeugnisse überdauert, sofern sie nicht in die Hände von Grabräubern fielen.
Die wenigen Hinweise auf das etruskische Sprachsystem reichen nicht aus, um die Sprache zu verstehen. Auch über den Alltag gibt es nur wenige Hinweise, die ein hypothetisches Bild erlauben. In den ehemals etruskischen Städten sind die architektonischen Strukturen aus dieser Zeit längst und mehrfach abgetragen worden, im neuen Kontext wiederverwandt und überbaut. Wenige Beispiele wie die mächtigen alten Stadtmauern und -tore von Volterra weisen auf das urbane Leben hin. Die Grabanlagen von Populonia und die Ausgrabungen von Roselle zeigen, dass die Etrusker für ihre Städte ein ausgeklügeltes System von Zisternen, Wasserleitungen und Abflusskanälen entwickelt hatten. Das Atriumhaus, das als typisch römisch angesehen wird, war wahrscheinlich die Erfindung eines etruskischen Architekten. Die Stadtbevölkerung lebte im Wohlstand, die adelige Oberschicht im Luxus; man gab sich freisinnig und freizügig. Eine offene Grundstimmung konnte man sich leisten – wegen des natürlichen Reichtums der Region, den Bodenschätzen. Die Etrusker belieferten als Händler den gesamten Mittelmeerraum. Zwischen ihnen und den Griechen entstand eine heftige Konkurrenz. Vom 8. bis zum 4. Jahrhundert vor Christus herrschten die Etrusker unangefochten in Mittelitalien. Aber den Aufstieg Roms, das sie schließlich unterwerfen sollte, konnten ihre Wahrsager, die *haruspices*, wohl doch nicht vorhersehen. Diese Gelehrten lasen die göttliche Bestimmung aus der Leber der Opfertiere und den Flugbahnen der Zugvögel.

1 *Etruskischer Felsengang bei Sovana.* – 2 *Alles Tuff! Soranos Altstadt und die Burg der Orsini leuchten in warmen Farbnuancen.* – 3 *Der Dom, das bedeutendste mittelalterliche Relikt in Sovana, ist den Heiligen Peter und Paul geweiht.* – 4 *Romantisch: die Gassen von Sovana in der Dämmerung.*

2

3

4

1

BAR GIULIA
GELATERIA

2

ANTIN
ENOTEC
GHIOTTO
·INGRESSO
LIBE
·FREE ENTR
·EINTRITT F

1 *Schickes Urlaubsparadies: Porto Santo Stéfano.* – 2 *In Pitiglianos Altstadt laden kleine Läden wie die Enoteca »Ghiottornia« zu einer Verschnaufpause ein.* – 3 *Der Eintritt in die Freilufttbermen von Satúrnia ist frei.* – 4 *Auch das ist Porto Santo Stéfano, der Hauptort von Monte Árgentario: Im malerischen Naturhafen knüpfen die Fischer ihre Netze noch von Hand.* – 5 *Die alte Zeit, als die Toskana noch Etrurien hieß, ist bis heute an zahlreichen Orten gegenwärtig, wenngleich häufig nur mehr in Gestalt archäologischer Ausgrabungen.*

1

2

Die Top Ten der Toskana

Pisa: Schiefer Turm und Piazza dei Miracoli

Wie schief darf, soll, ja muss der berühmteste Turm Italiens sein? Seit 2001 ist diese Frage geklärt. In einer aufwendigen Aktion richteten Experten den Problemturm gerade so weit auf, dass keine Einsturzgefahr mehr besteht, aber die legendäre Schieflage erhalten blieb. Der Schiefe Turm von Pisa kann sogar wieder erklommen werden. Der 100 Meter lange Duomo mit der Kanzel (1302–1311) Giovanni Pisanos, das gotisch-romanische Baptisterium sowie der monumentale Campo Santo vervollständigen das Ensemble auf der Piazza dei Miracoli.

Florenz: San Miniato al Monte und Piazzale Michelangelo

Ein Besuch der Basilika und des unterhalb gelegenen Piazzale Michelangelo auf den Hügeln des linken Arnoufers lohnt sehr: Die Basilica San Miniato al Monte (11.–13. Jh.) mit ihrer Fassade aus weißem Carrara- und grünem Prato-Marmor ist ein sehenswertes Beispiel romanischer Sakralarchitektur und ihre große Freitreppe ist einer der schönsten Plätze, um auf den Sonnenuntergang zu warten. Der Piazzale Michelangelo mit einer Kopie des berühmten »David« ist ideal, um sich einen ersten Überblick über die Stadt zu verschaffen.

Bei Arezzo: Pfarrkirche San Pietro in Gropina

Eine der schönsten romanischen Landkirchen der östlichen Toskana liegt nordwestlich von Arezzo in den Bergen des Pratomagno: Im Dörfchen Gropina steht der rein romanische Baukörper der Pieve San Pietro. Im Jahr 780 machte Karl der Große die Örtlichkeit der Abtei Nonantola (Modena) zum Geschenk. Die jetzige Kirche datiert vom Anfang des 13. Jh. Der größte Schatz von San Pietro sind die Kapitelle der Säulen im Kirchenschiff. Die Kapitelle rechts erscheinen in ihrer Ausarbeitung einfach und volksnah: Da säugt eine Sau ihr Ferkel, und die Darstellung von Tugend und Laster lässt an Deutlichkeit nichts zu wünschen übrig! Die detailreicheren Kapitelle auf der linken Seite sind biblischen Themen gewidmet.

Greve in Chianti: Piazza

Ideal auf halbem Weg zwischen Florenz und Siena gelegen, war diesem Marktflecken im kriegerischen Mittelalter entweder die eine oder die andere Stadt als Abnehmerin seiner Weine sicher. Heute planen und handeln Greves berühmte Weingüter global. Dennoch hat der Ort seine Authentizität bewahrt. Das Kloster der Franziskaner, die dreieckige Piazza mit ihrem täglichen Markttreiben (Sa. großer Wochenmarkt) und den mittelalterlichen Wohn- und Geschäftshäusern bilden eine erlebenswerte »Bühne« toskanischen Alltags.

San Gimignano: mittelalterliche Wolkenkratzer

Die sogenannten Geschlechtertürme wurden in den Himmel gebaut, um den Rang der verfeindeten Patrizierfamilien wehrhaft zu unterstreichen. Reich wurden sie alle durch die Lage des Ortes an einem der Haupthandelswege des Mittelalters, der Via Francigena, der Frankenstraße. Wolle, Seide, Safran und natürlich Wein verwandelten sich hier in Gold, das nicht nur die Geldtruhen füllte, sondern auch zu kostbarem Schmuck wurde. Gegen die Putz- und Schmucksucht mussten schließlich Gesetze erlassen werden. Auch dieses: Kein Haus sollte den Rathausturm überragen. Dank seiner spektakulären Silhouette hat die UNESCO San Gimignano in die Liste des Weltkulturerbes aufgenommen.

Volterra

Einst hieß die Stadt Velathri, erst die Römer gaben ihr den Namen Volaterrae: die über dem Land Fliegende. Nomen est »böses« omen: Volterra, das auf seinem Tuffsteinrücken zu schweben scheint, droht der Absturz. Natürliche Erosion nagt unablässig an dem weichen Gestein und riss am Stadtrand bereits Nekropolen, Häuser und Kirchen in die

1 *Ein schöner Rücken … Monumentale Schönheiten in handlicher Form für Zuhause.* – 2 *Der berühmte Barockgarten der Villa Garzoni.* – 3 *Der Palazzo Incontri Viti in Volterra ist auch innen das wohl prächtigste Gebäude der Stadt.*

Tiefe. Die Adelspaläste an der Piazza dei Priori, im Herzen der Stadt, wiegen sich jedoch noch in genügender Sicherheit. Kunsthistoriker aus aller Welt pilgern nach Volterra, um die »Kreuzabnahme« des Rosso Fiorentino aus dem Jahr 1521 zu bewundern (im Palazzo Minucci-Solaini). Liebhaber etruskischer Kunst widmen ihre Zeit einer Sammlung im Museo Guarnacci.

Massa Marittima

Nicht nur wegen ihrer Lage, hoch über dem Schwemmland der Maremmaküste, sondern vor allem wegen ihrer Piazza Garibaldi kommen die Besucher. Unregelmäßig ansteigend, musste sie dem Terrain angepasst werden. Und so wurde hier aus der Not eine reizvolle architektonische Tugend. Besonders schön ist die Piazza, wenn die Abendsonne den Travertinfassaden einen goldenen Schimmer verleiht. Dann braucht es nur noch einen Platz unter den Arkaden des Cafés an der Bergseite. Von hier aus hat man alles im Blick: den Dom San Cerbone mit seiner Freitreppe, den Palazzo del Podestà und den Palazzo Comunale. Und natürlich den allabendlichen »Passeggio«, das allabendliche Flanieren über die Piazza.

Siena: Piazza del Campo und der Palio

Siena, die schöne Rivalin von Florenz, hat sich ihr historisches Erbe sorgsam bewahrt – auch (wenn nicht gar besonders) vor manchen »Segnungen« der Neuzeit. Seit über 50 Jahren ist die Stadt für den Verkehr gesperrt, so auch zur Zeit des Palio. Nie ist die Stadt voller und lebendiger als bei dem berühmten Pferderennen rund um die Piazza del Campo. Jedes Jahr am 2. Juli und dann noch mal am 16. August treten verwegene Reiter aus den einzelnen Stadtvierteln gegeneinander an. Der Sieger erringt den »Palio«, ein seidenes Tuch und eine Geldprämie.

Bagno Vignoni

An den Nordhängen des vulkanischen Monte Amiata treten Thermalquellen zutage, und Quirico d'Orcia erfährt deren segnende Kräfte in seinem heute sehr friedvollen Viertel Bagno Vignoni.
Im Mittelalter war hier erheblich mehr los: Der Ort lag verkehrsgünstig an der Via Francigena, die den Norden mit Rom verband. Ein 80 mal 60 Meter großes Thermalbecken bildet noch immer anstatt der üblichen Piazza das Ortszentrum. Schon Caterina Benincasa (1347–1380), später als Katharina von Siena heiliggesprochen, kurte in den heißen Wassern. Als die Via Francigena ihre Bedeutung verlor, geriet Bagno Vignoni in Vergessenheit. Einen besonders romantischen Anblick bietet die antike Anlage am Abend, wenn die Nebelschwaden aufreißen und den Blick auf Badehäuser, die ehemalige Poststation und den Piccolomini-Palast freigeben. Ein Teil des Quellwassers wird aus dem historischen Becken abgeleitet und stürzt als Kaskade neben dem »Hotel Posta Marcucci« den Felshang herunter.

Sovana: Sta. Maria, SS. Pietro e Paolo und Tomba Ildebranda

Heute ist Sovana nur ein winziges Dorf irgendwo am Ende der Toskana. Grabungen im Ort verweisen allerdings auf seine große Vergangenheit: Etrusker, Römer, Aldobrandeschi – alle haben sie hier ihre Spuren hinterlassen.
Die unscheinbare romanische Kirche Santa Maria birgt das älteste Ziborium der Toskana, einen Altar mit reich verziertem Marmorbaldachin aus dem 8. Jahrhundert, der von vier Säulen getragen wird.
Sehenswert ist zudem das Seitenportal des Domes SS. Pietro e Paolo (am Ende des Dorfes) im »langobardischen« Stil (12. und 13. Jh.).
Und unten im Tal liegt die Tomba Ildebranda, ein etruskisches Mausoleum aus dem Übergang zwischen 3. und 2. Jahrhundert v. Chr. Es ist zwar nur noch als Bruchteil seiner einstigen Größe und Ausschmückung vorhanden, gibt aber dennoch eine Vorstellung davon, wie prächtig diese Grabstätte einst war.

Festivals & Events

Januar

Am 31. Januar findet das Stadtfest zu Ehren des Namenspatrons und Schutzheiligen, die Fiera di San Gimignano, statt. Bei der Gelegenheit lernt man die Stadt von einer ganz anderen Seite kennen (www.sangimignano.com).

Februar/März

Pappmaché ist der Stoff, aus dem beim Karneval in Viareggio Satire gemacht wird. Die *carristi*, die Konstrukteure der Karnevalswagen, üben mit ihren originellen Figuren und Inszenierungen Kritik an der Politik. Der »Corso«, der Umzug, findet auf der Uferpromenade statt (www.viareggio.ilcarnevale.com).

April/Mai

Von Mitte April bis Anfang Juni treten in Florenz beim großen »Klassik-Festival« internationale Stars auf (www.maggiofiorentino.com).

Juni

Am Abend des 17. Juni findet jährlich eine Bootsregatta zu Ehren des Schutzpatrons der Stadt, San Ranieri, auf dem Arno statt. Die Kontrahenten sind die vier Stadtviertel (www.pisa.turismo.toscana.it).
24. Juni, Piazza Santa Croce: Hier findet der »Calcio Storico Fiorentino«, ein Fußballfest des 16. Jahrhunderts, statt. Und tatsächlich glaubt man sich bei diesem Fest angesichts der seltsam gekleideten Spieler, Schiedsrichter und Fans in einer anderen Zeit. 27 Spieler pro Mannschaft treten an. Die Regeln lässt man sich am besten von einem Florentiner erklären. Das Ganze endet mit einem Feuerwerk, den Fiochi di San Giovanni (www.firenzeturismo.it, www.calciostorico.it).

Juli/August

Beim beliebten Puccini-Festival in Viareggio werden die Opern des Komponisten auf einer riesigen Freilichtbühne in Torre del Lago dargeboten. Mit dabei sind Stars der internationalen Opernszene (www.puccinifestival.it).
Seit über drei Jahrzehnten fest etabliert ist das von dem Deutschen Hans Werner Henze gegründete Theaterfestival. Montepulciano beteiligt sich mit seinen Theaterwerkstätten, Gastbühnen und internationale Regisseure zeigen ihr Können. Alljährlich im Juli und August lockt das »Festival Cantiere Internazionale d'Arte« Hunderte Künstler hierher (www.fondazionecantiere.it).
Jährlich am 2. Juli und am 16. August verwandelt sich die Piazza del Campo in Siena in die merkwürdigste Pferderennbahn der Welt. Wenn die Contraden beim Palio um die Wette galoppieren, ist dabei sein alles. Auch wenn man das aufregende Vergnügen mit Tausenden von Schaulustigen teilt (www.terresiena.it).

August/September

Auch in Arezzo sind einmal im Jahr Reiter unterwegs. Bei der »Giostra del Saracino« zeigen »Ritter« in historischen Kostümen am letzten Sonntag im August und am ersten Sonntag im September Mut und Geschicklichkeit (www.apt.arezzo.it).

September

Lucca, das lebendige »Renaissance-Museum«, feiert am 13. September sein historisches Stadtfest Santa Croce.
Natürlich finden in der Weinregion Toskana während der herbstlichen Lesemonate überall Weinfeste statt. Eines der schönsten ist in Greve in Chianti: Weinfest Chianti Classico, am zweiten Wochenende im September plus dem vorhergehenden Freitag (www.comune.greve-in-chianti.fi.it).

November

In San Miniato, in den Hügeln westlich von Florenz, findet alljährlich die Mostra Mercato del Tartuffo, der Trüffelmarkt, statt. Feinschmecker zieht es dann zu den Degustationsständen, die sich gegenseitig mit Trüffelschmankerln übertreffen. Verantwortlich für das wunderbare Aroma im Ort ist ein knollenförmiger, weißbräunlicher, unterirdisch wachsender Pilz, dem die umliegenden Wälder die besten Lebensbedingungen bieten (www.cittadisanminiato.it).

1 Das Baptisterium in Pisa. – 2 Das Etruskergrab Necropoli di San Cerbon bei Populonia. – 3 Der Weinbau prägt die Kultur in der Toskana seit jeher, wie etwa antike Weinkrüge wie dieser zeigen.

Zeittafel

4. Jh. v. Chr.
Die Römer erobern das Land der Etrusker und gliedern es 351. v. Chr. in die Römische Republik ein.

31
Etruria, die heutige Toskana, wird VII. römischer Verwaltungsbezirk.

568–774
Die Langobarden herrschen in der Toskana; Residenzstadt ist zunächst Lucca.

Ab dem 9. Jh.
In den Städten beginnt der wirtschaftliche Aufschwung. Florenz ist ab dem Jahr 1056 Residenzstadt.

Ab 1200
Es kommt zur Rivalität zwischen papsttreuen guelfischen (Lucca, Florenz) und kaisertreuen ghibellinischen Städten (Siena, Arezzo, Pisa und Pistoia).

Ab 1302
Allumfassende Vormachtstellung von Florenz in der Toskana.

1348
Die Pest wütet in der Bevölkerung; Künstler wie Dante und Giotto prägen im 14. Jahrhundert Humanismus und Renaissance.

1434
Die fast durchgängige 300-jährige Herrschaft der Medici beginnt.

1494
Vertreibung der Medici durch Savonarola.

1512
Rückkehr der Medici. Um das Jahr 1530 wird Florenz Herzogtum.

1569
Die Toskana wird unter Cosimo I. de' Medici zum Großherzogtum.

1737
Tod des letzten Medici. Die Toskana geht an das Haus Habsburg-Lothringen.

1801
Die Toskana fällt an das Haus Bourbon-Parma, eine Nebenlinie der spanischen Bourbonen, und wird zum Königreich Etrurien erklärt.

1805
Napoleon I. krönt sich selbst zum König von Italien. Zwei Jahre später werden die Toskana und Florenz mit Frankreich vereint.

1860
Durch ein Referendum erfolgt der Anschluss der Toskana an das Königreich Italien.

1865–71
Florenz ist die Hauptstadt des Königreichs, wird jedoch im Jahr 1871 von Rom abgelöst.

1915
Italien tritt in den Ersten Weltkrieg ein.

Oktober 1922
»Marsch auf Rom«. Viktor Emanuel III. beauftragt Mussolini mit der Regierungsbildung. Bis 1926 herrscht das faschistische System.

1936
Hitler-Mussolini-Pakt.

Juni 1940
Italien tritt an der Seite Hitler-Deutschlands in den Zweiten Weltkrieg ein. Aufgrund von Niederlagen bildet sich Widerstand gegen das Regime.

1943
Der König lässt Mussolini verhaften. Italien kapituliert und schließt den Waffenstillstand mit den Alliierten.

April 1945
Mussolini wird von Partisanen erschossen, Norditalien durch die »Resistenza« und Alliierte befreit.

Anfang der 1990er-Jahre
Die Untersuchungsgruppe »mani pulite« deckt die Korruption der herrschenden Parteien auf.

1994
Zusammenbruch des Parteiensystems. Berlusconi wird Ministerpräsident, tritt aber nach sieben Monaten zurück.

21. April 1996
Es siegt die Mitte-Links-Allianz unter Romano Prodi.

Mai 2001
Berlusconi wird zum zweiten Mal Ministerpräsident.

April 2005
Berlusconi übernimmt ein drittes Mal die Regierung.

02. Mai 2006
Prodi (Mitte-Links-Bündnis) wird Ministerpräsident.

2008
Prodis Bündnis zerfällt. Seit dem 8. Mai ist Berlusconi zum vierten Mal Ministerpräsident.

2010
Bei den Regionalwahlen erhält das Mitte-Links-Bündnis unter Enrico Rossi in der Toskana die Mehrheit.

1

2

Übernachten & Genießen

Pisa

Übernachten

Hotel Relais Dell'Orologio

Dieses 5-Sterne-Hotel ist unweit der Piazza dei Miracoli in einem historischen Gebäude untergebracht. Sein Inneres prägt eine gelungene Mischung aus antikem Mobiliar und modernem Komfort. In der kalten Jahreszeit wird der Tee am Kamin serviert.
Via della Faggiola, 12/14, 56126 Pisa, Tel. 050/830361, www.hotelrelaisorologio.com

Genießen

Caffè Federico Salza

Die Räume dieses Cafés könnten der Kulisse für einen Historienfilm entsprungen sein. Eigentlich ist es aber der Ableger einer *antica pasticceria*, die 1898 in Turin gegründet wurde. Inzwischen hat sich das Federico Salza auch in Pisa zu einer Institution etabliert. Stolz verweist man hier auf eine illustre Liste von Gästen und Kunden, darunter sogar die Royals Prinz Charles und Lady Diana. Die hiesigen Zuckerbäcker stellen nicht nur erlesenste Dolci her, sondern kreieren auch opulente Arrangements für die Empfänge des Jetsets.
Dal 1898 Federico Salza SRL, Borgo Stretto, 56125 Pisa, Tel. 050/580244

Forte dei Marmi

Übernachten

Hotel Principe

Das überaus stylishe Designerhotel in bester Lage wurde im Jahr 2010 eröffnet und verfügt über einen eigenen Beachclub, dessen Benutzung im Zimmerpreis inbegriffen ist. Von dem Lounge-Restaurant auf der spektakulären Dachterrasse bewundert man den Sonnenuntergang über dem Tyrrhenischen Meer.
Viale Amm. Morin 67, 55042 Forte dei Marmi (LU), Tel. 0584/783636, www.principefortedeimarmi.it

Florenz

Übernachten

Hotel Principe

Das erstklassige 4-Sterne-Hotel wird seit Generationen von der Familie Bronzi geführt. Das prächtige historische Haus hat sich über die Jahrhunderte hinweg seine Authentizität bewahrt, die Zimmer strahlen historischen Charme aus und bieten modernen Komfort, und auch die Lage direkt am Arno besticht.
Lungarno A. Vespucci, 34, 50123 Florenz, Tel. 055/284848, www.hotelprincipe.com

Hotel Continentale

Das Designerhotel direkt am Ponte Vecchio überzeugt durch sein minimalistisches Ambiente und die vielen witzigen Details. Geheimtipp: ein Abendessen im gegenüberliegenden Schwesterhotel Lungarno auf der über dem Arno schwebenden kleinen Terrasse.
Vicolo dell'Oro, 6r, 50123 Florenz, Tel. 055/27 262, www.lungarnocollection.com

Villa San Michele

Nur wenige Kilometer vom hektischen Treiben der Kunstmetropole Florenz entfernt, erhebt sich die Villa Michele auf den grünen Hügeln von Fiesole. Das Luxushotel, dessen Räumlichkeiten teilweise in einem Kloster aus der Renaissancezeit untergebracht sind, bietet ultimativen Komfort, und vom Open-Air-Restaurant genießt man einen spektakulären Blick über die Dächer von Florenz.
Via Doccia 4, 50014 Fiesole (FI), Tel. 055/567 8200, www.villasanmichele.com

Hotel Savoia & Campana

Das elegante Hotel im Zentrum des Kurorts Montecatini Terme befindet sich in ruhiger Lage in der Nähe der Thermalanstalten. Das historische, aufwendig renovierte Hotel bietet jeden modernen Komfort.
Via Felice Cavallotti 10, 51016 Montecatini Terme, Tel. 0572/772670, hotelsavoiaecampana.com

Genießen

Enoteca Pinchiorri

Eine wahre Diva unter den *ristoranti* ist sie, die Enoteca Pinchiorri: Sie gehört unbestritten zu den besten in Europa. Ge-

3

1 *Einfach entspannen: Das kann man wunderbar in der Villa Clodia, unweit der Schwefelquellen von Satúrnia, in denen schon die Römer »relaxten«.* – 2 und 3 *Montecatini Terme empfängt seine Gäste mit mehr als 200 Hotels jeder Kategorie.*

boten werden Nouvelle Cuisine, ein französischer Küchenchef an einem italienischen Herd sowie ein gut sortierter Weinkeller – das alles natürlich stilecht in einem alten Palazzo. Via Ghibellina 87, 50122 Firenze, Tel. 055/242777, enoteca@relaischateaux.com

Chianti

Gleich drei empfehlenswerte Weingüter können von Greve in Chianti aus besucht werden.

Übernachten & Genießen

Castello di Verrazzano

Die Burg der Verrazzano dominiert die Landschaft von einem Hügel über dem Tal aus, in dem auch das Zentrum des Chianti Classico liegt: der Marktflecken Greve in Chianti. Außer exzellenten Weinen, Grappas und Olivenölen werden auch Ferien auf dem Gutsbauernhof Casanova (Agriturismo) angeboten.
Castello di Verrazano – Via San Martino in Valle 12, 50022 Greve in Chianti, Tel. 055/854243, www.verrazzano.com

Castello Vicchiomaggio

Der Besitzer von Vicchiomaggio, John Matta, wurde im Jahr 2005 als »Italian Winemaker of the Year« ausgezeichnet. In den Renaissance-Gemäuern befinden sich außerdem ein hervorragendes Restaurant und Ferienwohnungen.
Castello Vicchiomaggio, via Vicchiomaggio 4, 50022 Greve in Chianti, Tel. 055/854079, www.vicchiomaggio.it

Enoteca Fuori Piazza

Ursprünglich eine einfache Enoteca mit Imbiss, hat sich die sympathische »Weinstube« zu einem gastronomischen Lichtblick in Greve entwickelt. Die kleinen Gerichte, die hier liebevoll serviert werden, kann man sich selbst zu einer großen Mahlzeit zusammenstellen.
Enoteca Fuori Piazza, Via 1. Maggio, 2, Tel. 055/8546313

Gaiole in Chianti

Hier verbirgt sich hinter alten, meterdicken Mauern ein nobles Hotel, das Castello di Spaltenna. Die Gäste werden in wunderbar schlicht, aber edel eingerichteten Zimmern, Suiten und Appartements untergebracht und bekommen dazu einen Blick auf die von Zypressen gesäumten Hügellinien.
Castello di Spaltenna, 53013 Gaiole in Chianti, Tel. 0577/749483, www.spaltenna.it

Badia a Coltibuono

Unweit von Gaiole erhebt sich die Badia a Coltibuono, die »Abtei der guten Ernte«. Hier erntet man allerdings schon lange keine Seelen mehr; die Abtei wurde unter Napoleon säkularisiert. Stattdessen bekommen die Geschwister Stucchi Prinetti heute internationale Anerkennung für ihre Weine und bewirten sehr zufriedene Gäste im Restaurant sowie in ihrem kleinen, aber feinen Bed & Breakfast. Ihre Mutter, Lorenza de' Medici, ist übrigens Kochbuch-Autorin und bietet in der Badia für ambitionierte Hobbyköche Kochkurse an.
Badia a Coltibuono, 53013 Gaiole in Chianti, Tel. 0577/74481, www.coltibuono.com

Panzano in Chianti

Der aus einer alten Metzgersfamilie stammende Dario Cecchini hat in Panzano eine Metzgerei im alten Stil aufgebaut – für seine traditionellen Gerichte und Fleischkreationen ist der Metzger und Koch weit über die Toskana hinaus bekannt. Seit Ende 2006 betreibt er zudem das auf der gegenüberliegenden Straßenseite liegende Restaurant »Solociccia«, in dem man seine Kreationen ebenfalls kosten kann.
Ristorante Solociccia, Via XX Luglio, 11, Panzano in Chianti, Tel. 055/852727

San Gimignano, Volterra, Colline Metallifere

Übernachten

Palazzo Al Torrione

Der Palazzo ist ein aufwendig renoviertes Patrizierhaus direkt an der Stadtmauer von San Gimignano. Hier genießt man auf der einen Seite den Blick aufs Stadtpanorama und auf der anderen den weiten Blick über die Hügel der Toskana.

1

2

Via Berignano, 80,
53037 San Gimignano (SI),
Tel. 0577/940480,
www.palazzoaltorrione.com

Siena und Umland

Übernachten

Grand Hotel Continental

Im traditionsreichen Hotel Continental, einem eleganten Palazzo aus dem 17. Jahrhundert mitten in der Fußgängerzone und nur einen Steinwurf vom Duomo und der weltberühmten Piazza del Campo entfernt, kann man sein müdes Haupt angenehm betten. Das einzige 5-Sterne-Haus der Stadt, das Mitglied der renommierten Leading-Gruppe ist, überzeugt mit liebevoll restaurierten Zimmern und Suiten, die nicht nur modernsten Komfort bieten, sondern teilweise auch noch wunderschöne alte Fresken an den Wänden haben. Sie haben Lust auf ein Dinner unterm Sternenhimmel? Dann kann man einfach um einen Tisch unter der Kristallglaskuppel des Wintergartens bitten!
Banchi di Sopra 85, 53100 Siena, Tel. 0577/56011, www.lhw.com

Hotel Adler Thermae Spa & Relax Resort

Dieses familiengeführte, luxuriös ausgestattete Wellnesshotel im traditionsreichen Thermalort Bagno Vignoni bietet nicht nur eine großzügig angelegte Spa- und Pool-Landschaft der Extraklasse, es ist darüber hinaus auch für sein hervorragendes gastronomisches Angebot bekannt. Von typisch feiner toskanischer Trattoriaküche bis hin zum Gourmet-Fitness-Menü ist hier alles zu haben.
53027 Bagno Vignoni - San Quirico d'Orcia (SI),
Tel. 0577/889 001,
www.adler-thermae.com

Villa Montecastelli

Majestätisch wie ein Adlerhorst thront das Landgut Montecastelli mitten im Herzen der Toskana zwischen Siena, Florenz und dem Chianti. Der Weinhändler Jens Schmidt und seine Frau Ruth bieten dem Gast hier herrlich komfortable und äußerst geschmackvoll eingerichtete Villeneinheiten im Landhausstil, teils mit eigenem Kamin oder Gartenterrasse zum Olivenhain. Und der 360-Grad-Blick auf die Hügelketten der Montagnola und die Geschlechtertürme von San Gimignano, der sich beispielsweise vom Swimmingpool aus eröffnet, ist mindestens ebenso spektakulär wie eine Degustation der edelsten Tropfen aus der bestens gefüllten Cantina des Hausherrn.
Strada Pieve a Castello, 12,
53035 Monteriggioni (SI),
Tel 0577/300011, www.montecastelli.com

Genießen

Gattavecchi

Diese Weinkellerei darf sich historische Cantina nennen – eine Ehre! Das Weinhandelshaus an der Stadtmauer nutzt die unterirdischen Gänge eines Konvents, der zu der Kirche Santa Maria dei Servi gehört, als Lagerräume. Inzwischen produziert man auch selbst auf den besten Lagen.
Cantina Gattavecchi, Via Collazzi, 74 (Loc. Santa Maria),
53045 Montepulciano,
Tel. 0578/757110,
www.gattavecchi.it

Azienda Agricola Contucci

Etliche *cantine* laden die Besucher in Montepulciano zu einer Verkostung ein, zum Beispiel die alte *cantina* im Palazzo Contucci, der sich direkt an der Piazza Grande erhebt. Die Familie Contucci ist eine der ältesten in Montepulciano.
In den Tiefen unter ihrem Palast erstreckt sich eine regelrechte önologische Unterwelt aus kühlen Weinkellern und scheinbar endlosen Gängen.
Via del Teatro, 1,
53045 Montepulciano,
Tel. 0578/757006,
www.contucci.it

Monte Amiata, Etruskerland und Küste

Übernachten

Frateria di Padre Eligio

Dies ist eigentlich kein Hotel im buchstäblichen Sinne, son-

3

1 *Solche idyllischen Fleckchen findet man in jedem Chianti-Dorf.* – 2 *Karg, aber wunderschön: Gerade die grafische Strenge der Crete lockt vor den Stadttoren Sienas.* – 3 *Auch Zucchini finden sich in der Toskana an jeder Ecke.*

dern vielmehr ein Ort der Gastfreundschaft, der von einer Bruderschaft geführt wird, die sich von der Welt zurückgezogen hat. Das Anwesen wurde von ehemaligen Drogenabhängigen restauriert und zu einem wahren Hort des Willkommens und der Gastfreundschaft gemacht.

Die Frateria wurde einstmals eingerichtet in einem Konvent des heiligen Franziskus, den der Heilige im Jahr 1212 selbst gründete. Es gibt nur wenige Zimmer und Suiten, keinen Pool und keinen einzigen Fernseher.

Trotzdem ist das Leben in den Klostermauern für die Gäste nicht asketisch: Alle Zimmer erfüllen den modernen Standard und sind mit Antiquitäten, Gemälden und Heiligenbildern hübsch geschmückt. Auch das Restaurant ist außergewöhnlich gut, wenngleich auch ziemlich teuer. Allerdings dient sein Erlös auch dazu, die Bruderschaft zu finanzieren, und alle Gerichte werden nur aus frischesten Zutaten hergestellt, von denen die meisten gar aus den eigenen Gärten stammen. Auch der exzellent bestückte Weinkeller wurde neu restauriert.

Convento di San Francesco Cetona, Tel. 0578/238261 und 238015, www.lafrateria.it

Castello di Vicarello

Das Castello di Vicarello, nordöstlich von Grosseto gelegen, befindet sich inmitten der grünen, dicht bewaldeten Hügel der Maremma und ist schon allein durch diese Lage ein Hideaway der Extraklasse. In einer Festung aus dem 12. Jahrhundert sind heute sieben exklusive Zimmer und Suiten untergebracht, die von den aus der Mailänder Modeszene kommenden Besitzern Aurora und Carlo Baccheschi Berti mit viel Geschmack und Stilsicherheit eingerichtet wurden: Eine Mischung aus balinesischen Antiquitäten und italienischen Vintage-Objekten verleiht dem Haus ein einmaliges Ambiente.

Das ultraschicke Boutiquehotel verfügt außerdem natürlich über einen puristisch ausgestalteten Spa- und Wellnessbereich, in dem neben einer Ayurveda-Therapeutin auch ein Yoga-Lehrer für Entspannungserlebnisse auf asiatische Art sorgt.

58044 Poggi del Sasso – Cinigiano (GR), Tel. 0564/990718, www.castellodivicarello.it

L'Andana und Tenuta La Badiola

Die luxuriöse Villa, die das Zuhause des L'Andana bildet, und die schmucke Tenuta La Badiola im Herzen der Maremma, nur wenige Kilometer von der toskanischen Küste entfernt, vereinen das Beste, was diese Region am Meer und im Hinterland zu bieten hat. Das Luxusresort verfügt über 33 Zimmer und Suiten, die keinerlei Komfort vermissen lassen und alle Wünsche erfüllen, gar bis hin zu riesigen Badezimmern ganz aus Marmor mit hübschen freistehenden Badewannen. Ein besonderes Highlight für Gourmets bildet die Trattoria Toscana. Hier steht Christophe Martin, der einst im 3-Sterne-Lokal Louis XV unter Führung des Sternekochs Alain Ducasse in Montecarlo arbeitete, am Herd und verwöhnt seine Gäste mit erstklassigen Kreationen aus der regionalen Küche.

Località Badiola, 58043 Castiglione della Pescáia, Tel. 0564/944 321, www.andana.it

Genießen

Ristorante I Due Cippi

Dieses Restaurant wird von zwei original etruskischen Grabhügelaufsätzen, den sogenannten *cippi*, geschmückt. Die Spezialitäten des Hauses lohnen selbst eine weitere Anfahrt: Carpaccio vom Lamm und vom Zicklein, Steinpilzsuppe, Ricotta-Gnocchi mit Nüssen und Artischockenherzen, weißer Schokoladenkuchen, Mousse vom Ricotta mit Früchten des Waldes … Und das sind nur einige der zahllosen Köstlichkeiten, in denen man hier schwelgen kann!

I Due Cippi da Michele, Piazza Vittorio Veneto 26, 58050 Satúrnia (GR), Tel. 0564/601074, Dienstag Ruhetag.

1

2

Toskana von A bis Z

Aktivurlaub

Die Toskana ist ein tolles Ziel für Radler, denn es gibt in den hiesigen Natur- und Regionalparks – besonders um das Monte-Amiata-Massiv herum – viele kleine, relativ wenig befahrene Landsträßchen und ausgewiesene Strecken für Mountainbiker. Auf dem Land sind Fahrradwege eher eine Seltenheit; in den Städten bemüht man sich zumindest, mögliche Konflikte zwischen Radfahrern, Fußgängern und Autofahrern mit speziellen Radrouten zu vermeiden. Fahrräder und Mountainbikes können beinahe überall angemietet werden. Das Angebot für Aktivurlaub ist groß und wird ständig erweitert. Auskünfte zum Thema geben die örtlichen Touristeninformationen.

Anreise

Mit dem Auto

Autobahnen sind in Italien mautpflichtig. Gezahlt werden kann in bar, mit den gängigen Kreditkarten oder mit der VIACARD. Das sogenannte TELEPASS-System lohnt sich nur für Vielfahrer. Die VIACARD (Wert: 25 Euro) ist bei allen ADAC-Geschäftsstellen erhältlich.

Mit dem Flugzeug

An den Flughäfen, in den großen Städten und in den Küstenorten können überall Leihwagen gemietet werden. Flüge nach Pisa zum Aeroporto Galileo Galilei (Tel. 0553/0615) bieten an: Air Dolomiti (www.airdolomiti.it), Lufthansa (www.lufthansa.de), Alitalia (www.alitalia.de), Ryanair (www.ryanair.de), TUIfly (www.tuifly.com) und Easyjet (www.easyjet.de).
Flüge nach Florenz zum Aeroporto A. Vespucci (Tel. 050/849300) bieten an: Lufthansa (www.lufthansa.de), Alitalia (www.alitalia.de), Air Dolomiti (www.airdolomiti.it), TUIfly (www.tuifly.com).

Mit der Bahn

Alle größeren Städte in der Toskana können mit der Bahn erreicht werden. Autoreisezüge verkehren nur während der Hauptferienzeit zwischen Mai und September von Deutschland nach Oberitalien und zurück.

Antiquitätenmärkte

In der Toskana finden ständig ungezählte solcher Märkte statt, auf denen sich das Stöbern lohnt. Im Folgenden einige Beispiele:

- Arezzo: auf der Piazza Grande und in den Seitenstraßen, jedes erste Wochenende im Monat. Gilt als der wichtigste Antiquitätenmarkt in der ganzen Region.
- Florenz: auf der Piazza dei Ciompi, jeden Freitag, Samstag und Sonntag.
- Lucca: in der Via del Battistero, jedes dritte Wochenende im Monat.
- Barga: in der Altstadt, jeden zweiten Samstag im Monat.
- Pisa: Loggia dei Banchi, jedes zweite Wochenende im Monat. Möbel und Accessoires.
- Siena: auf der Piazza del Mercato, jeden dritten Sonntag im Monat.
- Montepulciano: auf der Piazza Grande, jeden zweiten Sonntag im Monat.

Autofahren

An Landstraßen und in Ortschaften haben die Tankstellen meist von 7.00–12.30 Uhr und 15.30–19.30 Uhr geöffnet.
Unter Tel. 0049/89222222 erreichen Sie rund um die Uhr Deutsch sprechende Mitarbeiter der ADAC-Notrufstation.
Pannenhilfe des Automobile Club d'Italia, ACI (www.aci.it): Tel. 803-116, 24 Std.
Seit 2004 gilt zudem, dass für Fahrer und Beifahrer nach DIN EN 471 genormte reflektierende Sicherheitswesten mitgeführt werden müssen. Auf keinen Fall ohne Sicherheitsweste aussteigen, sonst drohen sofort empfindliche Geldstrafen! Der Abschluss einer vorübergehenden Vollkaskoversicherung empfiehlt sich, denn die Deckungssummen der italienischen Haftpflichtversicherungen sind sehr niedrig.

Einkaufen

Fündig wird man besonders bei Schuhen, Taschen, Designerartikeln, Gold- und Silberschmuck (Florenz), Keramikwaren, Alabaster (Volterra),

1 *Auf den vielen Antiquitätenmärkten in der Toskana lassen sich noch echte Schätze entdecken.* – 2 *Dolce Vita in seiner wohl schönsten Form: bei einem* caffè *oder einem Glas* vino. – 3 *Acqua cotta im I Due Cippi in Satúrnia.*

Antiquitäten (Arezzo), Wein – hier ist der Weinführer *Gambero Rosso* eine große Hilfe –, Olivenöl (Lucca, im gesamten Chianti usw.), Marmeladen, Biowaren (Pienza) und Gebäck (Siena).

Essen und Trinken

Wer die Wahl hat, hat die Qual: Jeder Gourmet und jeder Gourmand kann in der Toskana auf eine nahezu unbegrenzte Entdeckungstour gehen. Rat und Übersicht bieten spezielle Wein- und Gastronomieführer wie etwa der *Veronelli*, *Gambero Rosso* oder *Osterie d' Italia*.

Feiertage in der Toskana

01. Januar: Neujahr
06. Januar: Hl. Drei Könige (Epifania)
Ostersonntag und Ostermontag
25. April: Tag der Befreiung
01. Mai: Tag der Arbeit
1. Sonntag im Juni: Nationalfeiertag (Proklamation der Republik)
15. August: Mariä Himmelfahrt bzw. Ferragosto
01. November: Allerheiligen
08. Dezember: Mariä Empfängnis
25. Dezember: Weihnachten
26. Dezember: Santo Stefano
31. Dezember: Silvester (San Silvestro)

Gesundheit

Mitglieder einer gesetzlichen Krankenkasse sollten sich seit Juni 2004 die Europäische Krankenversichertenkarte (European Health Insurance Card, kurz EHIC) besorgen. Privatversicherte bezahlen am besten beim Arzt die Rechnung und lassen sich nach Vorlage einer detaillierten Quittung (*ricevuta*) zu Hause die Kosten erstatten.
Erste Hilfe (Soccorso Medico Urgente) ist in Krankenhäusern kostenlos; Notruf (Soccorso Pubblico di Emergenza): landesweit Tel. 113.
Sehr ausführliche Informationen zu Italien bekommt man etwa über www.barmer.de.

Informationen

- Italienische Botschaft
Hiroshimastr. 1
10785 Berlin
Tel. 030/254400
Fax 030/25440116
E-Mail: segretaria.berlino@esteri.it.
- ENIT (Italienische Zentrale für Tourismus)
www.enit.it
Büro Frankfurt, Direktion für Deutschland, Österreich und Schweiz:
Barckhausstr.10
60325 Frankfurt am Main
Tel. (allg. Informationen): 069/237069
Fax 069/232894
www.enit-italia.de
frankfurt@enit.it
- Automobilclubs:
www.avd.de
aus Italien Tel. 0049/696606600
www.adac.de
Tel. 0180/5101112 (gebührenpflichtig) oder in allen ADAC-Geschäftsstellen.

Informationen im Internet

- www.toskana-reise-info.de
Infos zu Regionen, Ausflugszielen und Städten, deutsch.
- www.turismo.intoscana.it
Offizielle Tourismus-Webseite für die Toskana, italienisch.
- www.terresienabambini.it
Angebote für Kinder in der Provinz Siena, englisch.
- www.turismoinmaremma.it
Interessante Urlaubsinformationen zur Maremma, deutsch.
- www.toscana-online.de
Infos zu Unterkünften, Events und Kulinarik, deutsch.

Kaffee

Der italienische *caffè* ist ein Thema *con variazioni*: *Espresso* ist ein kleiner, sehr starker Kaffee; *caffè lungo*, ein verlängerter Espresso, wird mit der doppelten Wassermenge gemacht; beim *caffè macchiato* kommt nur wenig kalte Milch in den Espresso; *latte macchiato* ist viel aufgeschäumte Milch mit wenig *caffè*; *cappuccino* ist allseits bekannt, aber in Italien wird er nie mit Sahne, sondern immer mit aufgeschäumter Milch serviert; *caffè corretto* ist ein *espresso* mit einem Schuss Grappa.

Naturparks

In der Toskana hat der Naturschutz mittlerweile einen recht hohen Stellenwert eingenom-

1

2

men. So befindet sich hier beispielsweise der größte Meerespark Europas, der die Inseln Elba, Giglio, Capraia, Gorgona, Pianosa, Giannutri und Montecristo umfasst.
Drei Regionalparks bieten darüber hinaus Natur pur: der Parco Alpi Apuane im Hinterland der Versilia, der Parco di Migliarino, San Rossore, Massaciuccoli im Mündungsgebiet des Arno und der Parco Naturale della Maremma an der südtoskanischen Küste. Und die Regionen um den Monte Amiata (beispielsweise der Parco Faunistico del Monte Amiata; www.parcofaunistico.it; Tel. 0564/966867) und die Colline Metallifere sind mit Naturparks ebenfalls gut bestückt.
Weitere Informationen gibt es etwa im Internet unter www.parks.it (auch auf Deutsch).

Polizei, Notruf

- Polizei: 113 (auch Unfallrettung)
- Feuerwehr: 115
- Pannenhilfe: 116

Post

Briefmarken für Postkarten an die Daheimgebliebenen erhält man im Postamt oder in Tabakwarenäden (*tabacchi*). Derzeit kostet eine Briefmarke für einen postalischen Gruß nach Deutschland, nach Österreich oder in die Schweiz 0,65 Euro.

Strom

Die Netzspannung beträgt entweder 110 oder 220 Volt, manchmal auch 125 Volt Wechselstrom. Deutsche Stecker passen nicht in alle Steckdosen, deshalb sollte man immer einen Adapter (Zwischenstecker) mitnehmen. Solche Stecker bekommt man im Elektrohandel oder bei den ADAC-Geschäftsstellen.

Telefon

Nach Italien: 0039 + die 0 + die Ortsvorwahl + die Teilnehmernummer.
Nach Deutschland: 0049 + die Ortsvorwahl ohne die 0 + die Teilnehmernummer.
Für die meisten Telefonzellen benötigt man eine Telefonkarte (*carta telefonica*), die in Bars, Postämtern, Tabakgeschäften und Zeitungskiosken zu bekommen ist.
Wer mit seinem eigenen Handy kostengünstig nach Hause telefonieren will, besorgt sich am besten in einem Telefonladen eine Prepaid-Karte von einem italienischen Anbieter (z. B. WIND, Vodafone Italien oder TIM). Wer sich zusätzlich einen Surfstick kauft, kann mit dem eigenen Laptop und einer Tages-, einer Wochen- oder einer Monats-Flatrate günstig im Internet surfen.
Einen Blick wert sind auch die inzwischen immer weiter vorangetriebenen Roamingabkommen zwischen den deutschen Netzbetreibern und den italienischen Mobilfunk-Gesellschaften. Nähere Informationen bekommt man unter www.tariftip.de.

Thermen und Kuren

Wellness in der Toskana: einfach ein bisschen relaxen oder richtig kuren – die heißen Quellen mit ihrem Mineral- oder Schwefelgehalt erleben derzeit eine regelrechte Renaissance und bieten wirklich für jeden Geschmack das Richtige. Die Region verfügt über die meisten Heilbäder in ganz Italien, und dank ihrer schönen Thermenanlagen und Thermalbäder lässt sich hier wunderbar kuren, etwa mit Balneotherapien (mit und ohne Fango-Anwendungen), mit Schlammpackungen gegen rheumatische Beschwerden oder auch einfach nur so zur Steigerung des allgemeinen Wohlbefindens.
Die wichtigsten Kurorte sind Montecatini Terme (Tel. Informationsbüro: 0572/7781), Monsummano Terme (Tel. 05729/0771), Bagno Vignoni (Tel. 0577/887365), San Casciano dei Bagni (Tel. 0578/580223) und Terme di Satúrnia (Tel. 0564/600111).
Detailliertere Informationen sind über das Italienische Fremdenverkehrsamt ENIT erhältlich, und unter dem Stichwort »Le terme di Toscana« findet sich auf der Website www.turismo.toscana.it eine umfassende Link-Liste der toskanischen Thermalanlagen.

1 An der »wilden« Therme Cascata del Mulino bei Satúrnia. – 2 Blick auf »die Schöne im Garten« an einem strahlenden Sommertag. – 3 Der Palazzo Pubblico an der Piazza del Campo wird anlässlich des Palio mit den Flaggen geschmückt.

Unterkunft

In der Toskana findet man ein vielfältiges Angebot an Unterkünften für jeden Geschmack und jeden Geldbeutel. Über die Fremdenverkehrsämter und zunehmend auch übers Internet kann man die einschlägigen Verzeichnisse anfordern. Ein Blick in die Reiseteile der deutschen überregionalen Zeitungen lohnt sich für Individualtouristen ebenfalls.

Unterwegs vor Ort

Mit dem Auto

Am besten bereisen Sie die Toskana mit dem eigenen PKW oder mit einem Mietwagen, denn so können Sie auch die entlegensten Winkel – die oftmals die besonders schönen sind – ganz bequem erreichen. Hilfreiche Straßenkarten für ein solches Vorhaben erhalten Sie beispielsweise beim Istituto Geografico Militare in Florenz, Viale F. Strozzi 14, sowie in allen gut sortierten Buchhandlungen vor Ort und beim Touring Club Italiano. Tankstellen sind an den Autobahnen rund um die Uhr geöffnet, ansonsten gelten die üblichen Mittagspausen von ca. 12.30–14.30 Uhr. Die meisten Kreditkarten werden akzeptiert, an vielen Tankstellen kann man mit Geldscheinen oder Karte per Self-Service auch während der Pausenzeiten tanken.

Mit der Bahn

Bequem lassen sich Bahntickets vor Ort buchen: zwischen 7 und 20 Uhr telefonisch (0552/356136) oder rund um die Uhr per Internet (www.trenitalia.com).
Zu beachten ist, dass in Italien die Fahrkarten vor Beginn der Reise an den gelben Automaten am Bahnsteig entwertet werden müssen.
Info-Tel. Bahnservice: 147 88 80 88.

Mit dem Bus

In der Toskana gibt es ein sehr gut ausgebautes Busnetz, so dass selbst die kleinsten Orte noch öffentlich zu erreichen sind. Die folgenden Busunternehmen sind besonders zu empfehlen:
SITA unterhält einen Linienverkehr in der ganzen Region.
Info-Tel. 055/373760
www.sita-on-line.it
Lazzi bedient Strecken zwischen den Provinzhauptstädten; Abfahrt ist an der Piazza Adua, Florenz.
Info-Tel. 055/351061
www.lazzi.it
ATAF bedient Florenz und das Florentiner Umland.
Info-Tel. 0555/650642
www.ataf.net
TRA-IN betreibt Stadtlinien.
Info-Tel. 0577/20 43 63 oder 0577/20 42 25
www.trainspa.it

Fahrkarten für Busfahrten innerhalb der Städte erhält man in Tabakläden (*tabacchi*), in Bars oder an Zeitungskiosken. Die Tickets müssen im Bus entwertet werden.

Mit der Fähre

Elba Ferries: Von Piombino aus ist die Insel im Sommer in nur 25 Minuten Fahrzeit per Katamaran erreichbar.
Navamar: Fährt das ganze Jahr über in einer Stunde auf die Insel. Details unter www.navamar.com;
Toremar: Die Fährgesellschaft fährt ab Livorno in 3 Stunden, ab Gorgona und Capráia in 3,5 Stunden nach Elba. Details unter www.toremar.it;
Alle Anbieter im Vergleich listet www.directferries.de.

Wein

In puncto Wein kann man in der Toskana auf eine nahezu unbegrenzte Entdeckungstour gehen. Rat und eine gute Übersicht bieten hierfür spezielle Wein- und Gastronomieführer, z. B. www.gamberorosso.it (Weine, Schaumweine, Spirituosen), www.veronelli.com (Restaurantführer mit anschaulichen Beschreibungen der Speisen und Weine, italienisch). Beides gibt es auch in Buchform bzw. auf CD.

Zoll

Das persönliche Reisegepäck unterliegt keinen Beschränkungen, Lebens- und Genussmittel dürfen innerhalb der EU zum eigenen Verbrauch mitgeführt werden.

1

2

Register

Orts- und Sachregister

A
Ädikula 138
Amiata-Esel 134
Arcidosso 133
Arezzo 28, 50, 64, 66, 142, 144 f., 150 f.
Artimino 27

B
Bagno Vignoni 126
Bassa Maremma 137
Boboligärten 49
Brunello 23

C
Cantiere Internazionale d’Arte 31
Carrara 34, 36
Castiglione d’Orcia 129, 133
Chianina-Rinder 82
Chianti Classico 73
Colle di Val d’Elsa 27
Colline Metallifere 89, 98, 106, 126
Crete 110

F
Florenz 48, 50, 52, 54, 56, 58, 60, 62, 64, 68, 142 f., 144 f., 146, 148, 150 f., 153
– Loggia dei Lanzi 58
– Palazzo della Signoria s. Palazzo Vecchio 53, 58
– Palazzo Medici Riccardi 58
– Palazzo Pitti 65
– Palazzo Vecchio 58
– Perruzzi-Kapelle 61
– Ponte Vecchio 54
– Santa Croce 61

G
Giovanni de’ Medici e Compagni 57
Greve in Chianti 74, 76, 78, 80, 82
Gropina 28, 142
Grosseto 125, 149

L
Larderello 98
Lucca 32, 33, 34, 40f., 46

M
Maremma-Pferd 134
Massa Marittima 89 f., 98
Montalcino 73, 106, 117 f.
Montepulciano 105 f, 117 f., 148, 150
Monte-Amiata-Massiv 125 f. 129 f., 133 f.
Montecatini Terme 27, 28, 50, 64
Montepulciano 24
Montieri 106
MPS Group 109

P
Palio di Siena 106, 109
Panzano in Chianti 74, 82, 84 f.
Piancastagnaio 133
Pienza 24
Pieve di Cellole 89
Pisa 34, 38, 40, 89, 142, 144 f., 146, 150
Populonia 138
– Dom San Cerbone 98

R
Riviera degli Etruschi 89
Rocca Aldobrandesca 129
Radicofani 129
Roselle 138

S
San Biagio 118
San Gimignano 27, 88, 90, 92, 94, 96, 102, 142
– Geschlechtertürme 142
San Miniato 71
San Quirico d’Orcia 126
Siena 28, 105 f., 109 f., 113 f., 117, 121, 125, 142 f., 144 f., 148, 150 f.
– Palazzo Pubblico 106
Sovana 125 f., 130, 137 f.
– Dom SS. Pietro e Paolo 137

T
Terme di Petriolo 98
Tignanello 78
Tomba della Sirena 137

V
Val d’Orcia 130
Via Chiantigiana 73
Via Francigena 142
Volterra 27, 89, 90, 93, 97 f., 101

1 Dolci *auf der Terrasse des »Hotel La Frateria San Francesco« bei Cetona. –* 2 *Im Baptisterium zu Florenz. –* 3 *Herkules und Dante, Florentiner Idealbilder von Körper- und Geisteskraft.*

Personenregister

A
Aldobrandeschi 129
Alighieri, Dante 24, 28
Alta Maremma 137
Ardinghelli, Niccolò 90
Aretino, Pietro 66

B
Barbarossa, Friedrich 106
Benigni, Roberto 66
Boccaccio, Giovanni 28, 129
Botticelli, Sandro 31, 57 f.
Brunelleschi, Filippo 31, 53

C
Cosimo I 58

D
Da Sangallo, Giuliano 69
Da Vinci, Leonardo 31, 69
De Saint Phalle, Niki 31, 130
De' Medici, Cosimo 106
De' Medici, Lorenza 81
Della Francesca, Piero 66
Di Bartolo, Taddeo 93
Donatello 31
Dürer, Albrecht 54

E
Etrusker 134

F
Ferdinand II 109
Fra Angelico 31
Friedich II 126
Frisch, Max 106

G
Gay Forden, Sarah 61
Ghiberti, Lorenzo 53
Giotto 61
Gucci, Maurizio 61
Guernico 54

H
Henze, Hans Werner 31
Hepburn, Audrey 61
Homer 28

I
Ildebrando 137

K
Karl der Große 129
Karl V 106
Kelly, Grace 61

L
Langobarden 41, 129
Lorenzetti, Ambrogio 110

M
Martini, Simone 110
Michelangelo 31, 53
Michelozzo 58, 118
Montale, Eugenio 34

N
Napoleon 41, 81

O
Otto I 130

P
Petrarca, Franceso 28
Pinturiccio 113
Pisano, Andrea 54
Pisano, Giovanni 38, 113, 142
Pisano, Nicola 113
Puccini, Giacomo 41

R
Rachis (Langobardenkönig) 133
Raffael 31
Rembrandt 54
Reni, Guido 54
Rubens, Peter Paul 54

S
Salvucci, Dario 90
Savonarola, Girolamo 58
Siegel, Ralph 77
Spoerri, Daniel 130

T
Tarkowskij, Andrej 126
Tinguely, Jean 130

V
Vergil 24
von Siena, Katharina 143

W
Winkler, Gerhard 77

Impressum

Der Fotograf

Ernst Wrba, geboren 1956, studierte Fotodesign an der FH Darmstadt und ist seit 1983 als freier Fotograf im Raum Frankfurt im Bereich Werbung, Industrie, Architekt

Die Autorin

Annette Meisen studierte Kommunikationsdesign und arbeitete als mehrfach ausgezeichnete Designerin im In- und Ausland. Durch ein Zweitstudium der Kunstgeschichte kann sie ihre Leidenschaften für Kunst, Kultur und Reisen verbinden und ist nun in ihrem Traumberuf als Reisebuchautorin tätig. Sie kann bereits auf zahlreiche Veröffentlichungen zurückblicken.

Bildnachweis

Alle Bilder stammen von Ernst Wrba, außer: Bildagentur Huber, Garmisch-Partenkirchen: S. 84 u. (Amantini, S.), 75 u. (Cellai, S.), 80 u. (Ripani, M.), 2/3 (Zoltan, N.), 6/7 (Tom, M.); Bucher-Archiv: S. 57; Mirko Milovanovic, München: S. 54 u., 54 o., 66 M., 66 u., 76 u., 99 u., 108 o., 108 u.l., 108 M.r., 108 u.r., 113 o., 115 u., 131 o., 134 o., 134 M., 134 u., 135 o., 135 u., 141 o.; Gerhard P. Müller, Dortmund: S. 30 u., 72/73, 75 o., 77 o., 77 u., 78, 79, 80 o., 81 o., 81 M., 81 u., 82, 85 u.l., 85 u.r.; Picture Alliance, Frankfurt a.M.: S. 109 (akg-images), 133 (Dumont Bildarchiv), 110 (imagestate), 132 u. (Mayall, P.), 92 u. (maxppp); Shutterstock (www.shutterstock.com): S. 66 o. (Adamov, N.), 56 o. (alech), 119 o. (bartuchna@yahoo.pl), 91 (Caravana, F.), 83 oben (Circumnavigation), 86/87 (Clausen, A.), 63 oben (clearlens), 85 o. (Drozdowski), 83 u. (dutourdumonde), 127 u., 130 (ermess), 61 (Kistryn, M.), 76 o. (LianeM), 107 (Mihai-Bogdan, L.), 59 (Nekrasov, M.). 31 M. (ollirg),60 u. (Ray, E.), 5 (Rohana, M.), 142 l. (Silva, D.), 53 (Sorin, R.).

Umschlag

Vorderseite: Die Umgebung von Monticchiello im Val d'Orcia (Bildagentur Huber/Cozzi)
Rückseite: Der Palazzo Pubblico in Siena bei Nacht (Shutterstock/Mihai-Bogdan, L.)
S. 2/3: Landesfarben an einem toskanischen Gemüsestand.
S. 5: Donnernde Hufe beim Palio in Siena.
S. 6/7: Der *agriturismo* Palazzo Massaini bei Pienza.
S. 158/159: Stille Tage im Val d'Orcia.

Produktmanagement: Stephanie Iber
Layout: graphitecture book, Rosenheim
Repro: Repro Ludwig, Zell am See
Umschlagentwurf: Studio Schübel, München
Umschlaggestaltung: Sabine Fuchs, Fuchs-Design, München
Kartografie: Astrid Fischer-Leitl, München
Herstellung: Bettina Schippel
Printed in Slovenia by Florjancic

Bruckmann Verlag
Postfach 40 02 09
D-80702 München
E-Mail: lektorat@bruckmann.de

Die Deutsche Nationalbibliothek verzeichnet diese Publikation in der Deutschen Nationalbibliografie; detaillierte bibliografische Daten sind im Internet über http://dnb.d-nb.de abrufbar.

Die Originalausgabe erschien 2007 unter dem Titel »Toskana« im Bruckmann Verlag.

Vollständig aktualisierte und überarbeitete Ausgabe

ISBN 978-3-7654-5648-0

In gleicher Reihe erschienen ...

ISBN 978-3-7654-5645-9

ISBN 978-3-7654-5854-5

ISBN 978-3-7654-5644-2

ISBN 978-3-7654-5647-3

ISBN 978-3-7654-5643-5

ISBN 978-3-7654-5821-7

ISBN 978-3-7654-5535-3

ISBN 978-3-7654-5646-6

ISBN 978-3-7654-5649-7

ISBN 978-3-7654-5372-4

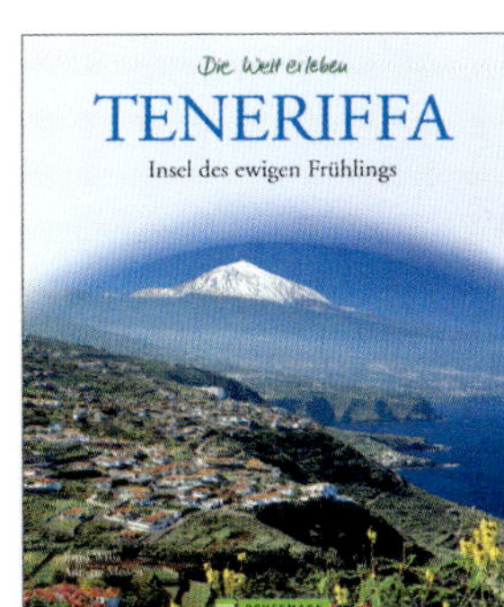

ISBN 978-3-7654-5642-8

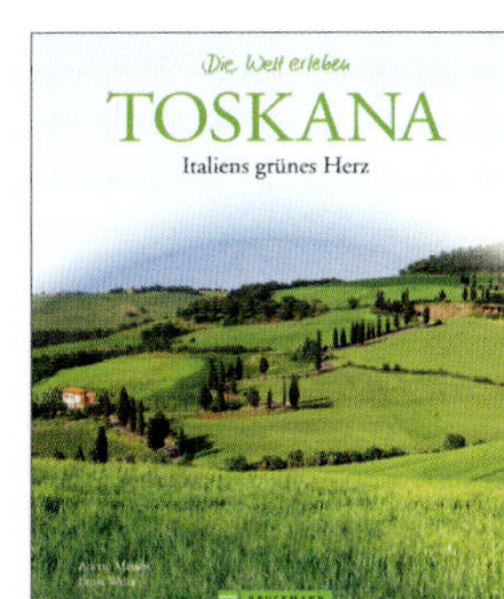

ISBN 978-3-7654-5648-0

BRUCKMANN

www.bruckmann.de